MARCO  POLO

NEW YORK

Reisen mit **Insider Tipps**

> Ich **kam**, um ein Jahr zu bleiben und habe **mich** dann in die Stadt verliebt. Ich **fühle** mich hier lebendiger, unterne**hm**ungslustiger, risikofreudiger und **glück**licher als in Deutschland.
> *MARCO POLO Korrespondentin*
> *Alrun Steinrueck*
> (siehe **S.** 154)

Das passt:
Der MARCO POLO Sprachführer Englisch

Weitere MARCO POLO Titel:
USA, USA Neu england/Long Island, USA Ost, Washington D.C., Chicago und die Großen Seen, USA Südstaaten/New Orleans, Florida, Kanada Ost

Spezielle News, Lesermeinungen und Angebote zu New York:
www.marcopolo.de/newyork

NEW YORK

Park
Lincoln

57th
Central Park South
MOMA
Rockefeller Ctr. St.
U.N.
50th
Head
Manhattan quar
42nd St.
Gran
Cen
Stati
34th
Madison
Empire St
Square Building
Garden N.Y. U
MO

> SYMBOLE

Insider **MARCO POLO
Tipp INSIDER-TIPPS**
Von unserer Autorin
für Sie entdeckt

★ **MARCO POLO
HIGHLIGHTS**
Alles, was Sie in New
York kennen sollten

☼ SCHÖNE AUSSICHT

ஒ WLAN-HOTSPOT

▶▶ HIER TRIFFT SICH
DIE SZENE

> PREISKATEGORIEN

HOTELS
€€€ über 220 Euro
€€ 125–220 Euro
€ unter 125 Euro
Die Preise gelten für ein
Doppelzimmer pro Nacht
mit Steuern (tax)

RESTAURANTS
€€€ über 20 Euro
€€ 10–20 Euro
€ unter 10 Euro
Die Preise gelten für ein
mehrgängiges Essen ohne
Getränke und Trinkgeld

> KARTEN

[128 A1] Seitenzahlen und
Koordinaten für den
Cityatlas New York
[0] außerhalb des
Kartenausschnitts

Zu Ihrer Orientierung sind
auch die Objekte mit Koordinaten versehen, die nicht
im Cityatlas eingetragen
sind. Übersichtskarte New
York mit Umland auf Seite
144/145. U-/S-Bahn-Plan
im hinteren Umschlag

INHALT

ENTDECKEN SIE NEW YORK!

Unsere Top 15 führen Sie an die traumhaftesten Orte und
zu den spannendsten Sehenswürdigkeiten

Die Highlights sind in der Karte auf dem hinteren Umschlag eingetragen

 High Line
Neuer Park auf ehemaliger Hochbahn-
trasse in Chelsea mit Hudson-Blick und
Liegestühlen (Seite 17)

 Brooklyn Bridge
13 Jahre für den Bau, 30 Minuten für den
Spaziergang über die „Kathedrale aus
Stahl" über den East River (Seite 25)

 **Ground Zero/
World Trade Center Site**
Ein Ort im Übergang. Der Horror nicht
mehr zu ahnen, die Zukunft noch nicht da
(Seite 27)

 Staten Island Ferry
Der Trip mit der Fähre und die Stadt-
ansichten sind gratis (Seite 29)

 Statue of Liberty
Freiheitssymbol der Stadt und des Landes
(Seite 29)

 Fifth Avenue
Vom noblen Kaufhaus Bergdorf Goodman
bis zum Rockefeller Center präsentieren
sich Luxusläden (Seite 35)

 American Folk Art Museum
In einem der aufregendsten Museums-
bauten der Stadt gibt es eine attraktive
Sammlung von Volkskunst und Kunsthandwerk zu sehen (Seite 37)

 Empire State Building
Atemberaubender Überblick über Man-
hattan und ein gigantischer Rundblick ins
Land (Seite 38)

>DIE BESTEN MARCO POLO HIGHLIGHTS

 Museum of Modern Art
Die bedeutendste Sammlung moderner Kunst der Welt. Wer hier ausstellt, ist ganz oben! (Seite 40)

Rockefeller Center
14 Wolkenkratzer in einem einzigen Komplex: tolle Restaurants, exklusive Geschäfte und eine Aussichtsterrasse im 70. Stock (Seite 41)

American Museum of Natural History
Computergesteuerte Raumfahrt, Dinosaurier, Regenwald und lebensgroße Tiermodelle aus allen Teilen der Welt inklusive eines riesigen Blauwals. Ein Museumsparadies für Kinder und Erwachsene (Seite 44)

 Central Park
Von Fahrradtouren bis „Shakespeare in the Park": Nirgendwo sind die Freizeitaktivitäten der New Yorker facettenreicher als hier (Seite 46)

 Lincoln Center
Mit 18000 Plätzen in Metropolitan Opera, Avery Fisher Hall und anderen Sälen ein Magnet für Topstars (Seite 49)

 Broadwaymusicals
Von Billy Elliot bis Mary Poppins – Musicals sind der Renner (Seite 82)

 Metropolitan Opera
Für Opernstars ein Karriereziel. Für Opernliebhaber ein Muss. Für Neugierige ein Erlebnis (Seite 86)

WAS
FÜR
EINE
STADT!

Manhattan

> Die Skyline sehen Sie schon von weitem, wenn Sie sich Manhattan vom Flughafen aus nähern. In den Straßenschluchten angekommen, fühlen Sie sich wie an einem Filmset – und seltsam vertraut mit New York City. Das Lebensgefühl, die Aufbruchstimmung und die kreative Energie dieser Stadt nehmen Ihnen fast den Atem. Hier rasen die gelben Taxis den Unachtsamen fast über die Füße. Hier bleibt nichts lange, wie es war, bei jedem Besuch warten neue Entdeckungen. Hier ist jeder anders, es gibt keinen typischen New Yorker. New York ist der Inbegriff von Tempo und Entertainment, Shoppen und Sightseeing. Kommen Sie schnell!

> New York, das ist die Hauptstadt des amerikanischen Traums. Wer diese riesige, quirlige, nervenkitzelnde Stadt und ihren Einfluss auf den Rest der Welt begreifen will, muss selbst hinfahren und dort aufwachen – in dem ewigen Rumoren und Gehupe, Sirenengeheul und Gekreische. Das New-York-Gefühl muss man erleben. Hautnah.

Die vibrierende Betriebsamkeit ist nach den Terroranschlägen vom 11. September 2001 zurückgekehrt. New York ist wieder, ganz unverhohlen, die Hauptstadt des Kommerzes – hektisch, laut, herausfordernd, groß und mächtig. Fast zu mächtig, wenn man beobachtet, was für drastische Auswirkungen die Finanzkrise der Wall Street in der ganzen Welt ausgelöst hat. Außerdem ist die Metropole nach wie vor die Welthauptstadt des Entertainments: Jeden Abend gibt es Filmpremieren und Musicalshows, Ballettaufführungen, Theatergalas, Opern der Extraklasse und den frischen Wind der vom Zeitgeist durchwehten Clubs. Das Publikum ist bunt, begeisterungsfähig, kompetent und vor allem kritisch. Wer es hier schafft, schafft es überall.

> *Das New-York-Gefühl muss man erleben – hautnah*

Besonders Downtown Manhattan (also alles südlich der 14. Straße) lebt auf. Die Restaurant- und Barszene ist hier spannender als in Midtown oder im nördlichen Manhattan. Neue angesagte Hotels, hippe Nachtclubs und jüngst gebaute, mutige Architektur wie das Cooper-Union-Gebäude und das New Museum locken New Yorker wie Touristen in den Süden. Neben altem Gemäuer liegen elegante Bars, Historisches steht neben modernem „Glamour" – diese Gegensätze ziehen die Besucher an.

Im Trubel der Nacht wirkt Manhattan, als sei es eine einzige große Party. Ein

Auch ein Symbol fürs quirlige New-York-Gefühl: *yellow cabs*, die gelben Taxis

Eindruck, der bereits am Tag beginnt. In den U-Bahnen etwa spielen Musiker, die gute Chancen haben, die Stars von morgen zu werden. Skater verwandeln Plätze in die Arena sportlicher Stunts. Stand-up Comedians können einem an jeder Straßenecke begegnen. „Das Theater findet auf den Straßen, vor den Bühnen statt, Filme laufen ohne Eintrittsgeld, es riecht nach Mensch auf Schritt und Tritt", beschrieb der Schriftsteller Ludwig Fels seine New-York-Eindrücke.

Als Medienzentrum der USA vergrößert die Stadt alles, was sie an kulturellem Output produziert. Hier sind die wichtigsten Fernsehsender, die großen Nachrichtenmagazine und die Tageszeitung, die als die beste der Welt gilt, die *New York Times.* Alle bedeutenden Buchverlage sind in der Stadt ansässig und operieren ebenso wie Plattenfirmen von hier aus mit dem Weltmarkt im Blick. Die

Stadt zieht kreative Menschen an wie keine andere: Schauspieler, Maler, Schriftsteller, Designer ebenso wie Softwareentwickler. Seit Jahrhunderten bezieht New York aus dem ständigen Wechsel von Boom und Pleiten einen großen Teil seiner Energie.

Rund 8 Mio. Einwohner leben heute in der einstmals größten Stadt der Welt, die im Lauf der Geschichte längst von anderen Megacitys überflügelt wurde. 24 Mio. Einwohner hat die Metropolitan Area insgesamt, die die angrenzenden Gebiete wie Long Island, Westchester County, New Jersey und Connecticut einschließt. Viele arbeiten im Zentrum – in Manhattan.

> **Die Stadt zieht Kreative an wie keine andere**

Dazu kommen die Touristen, die auf den Straßen im Sog des hohen Fußgängertempos förmlich mitgerissen werden. Das Tempo ist wohl mit einer der Gründe, weshalb New York selten ein Ort geschichtsträchtiger Politik war. Vor den Attentaten des 11. September 2001 fand das letzte historisch bedeutende Ereignis im April 1776 statt, als Staatsgründer George Washington im Unabhängigkeitskrieg gegen die britischen Kolonialherren sein Hauptquartier an den Hudson verlegte. New York wurde nach dem Zweiten Weltkrieg zum UNO-Hauptsitz. Die amerikanische Politik hatte die Stadt nach 9/11 eine Zeit lang immer im Blick, und die UN-Zentrale stand in der Debatte um den Golfkrieg im Mittelpunkt des

Weltinteresses. Dennoch sieht es so aus, als würde New York seine Bedeutung auch weiterhin nicht aus der Politik ziehen.

Bürgermeister Bloomberg will die Stadt in eine umweltverträgliche Metropole verwandeln. Das zeigt sich am deutlichsten am Times Square – nun eine Fußgängerzone. Es grünt im verkehrsreichen Manhattan. Verkehrsinseln werden zu kleinen Ausruh-Oasen mit Bistrotischen, Stühlen und Sonnenschirmen umfunktioniert, überall werden Fahrradwege angelegt, ehemalige Hochbahntrassen mit Holzliegestühlen versehen.

> **Menschen aus aller Welt finden hier ein Zuhause**

New York war schon vorher mehr als jede andere amerikanische Metropole eine Fußgängerstadt. Die Straßen sind übersichtlich gerastert und nummeriert. Viele Sehenswürdigkeiten liegen nahe beieinander. Man findet sich schnell zurecht. Musste man noch vor wenigen Jahren befürchten, unvermittelt in einer düsteren Ecke zu landen, wenn man sich treiben ließ, so ist das Risiko heute nicht höher als in einer deutschen Großstadt. Aufmerksamkeit schadet dennoch nicht.

New York ist die Stadt der großen Gegensätze. Die Winter sind trocken und frostkalt, die Sommer mehr als 30 Grad heiß und sehr, sehr schwül. Das ausgedehnte Grün des Central Park trifft auf das wuchtige, unendliche Grau von Beton. Kirchen, die anderswo alles überragen, werden hier von den Wolkenkratzern förmlich umzingelt.

In diesem Milieu fächert sich zwischen Klein und Groß, Arm und Reich, Alt und Neu eine unglaubliche Vielfalt. Jede Rasse und jede Nation ist vertreten, viele haben ihrer Heimat aus politischen oder wirtschaftlichen Gründen den Rücken gekehrt. Angetrieben von der Hoffnung auf eine bessere Zukunft, haben sie ein Stück Heimat mitgebracht. So leben hier viele globale Traditionen weiter.

Die Mixtur verändert sich permanent. Im 19. Jh. beeinflussten Einwanderer aus Irland, Deutschland, Österreich und Russland das englisch geprägte Bild und assimilierten sich. Anfang des 20. Jhs. kamen Italiener und Polen hinzu. Während der Zeit des Nationalsozialismus' wurde New York rettender Hafen für verfolgte Juden aus Europa. Wie in einem Schmelztiegel formte sich daraus eine vielschichtige Einheit. Die Mischung ist dabei so speziell, dass man nirgendwo sonst in den USA Vergleichbares findet. Deshalb empfinden sich die New Yorker als etwas Besonderes, kulturell wach, wirtschaftlich auf der Höhe, neugierig, tolerant und manchmal arrogant.

Genau genommen gelten diese Feststellungen vor allem für die weißen New Yorker, die diese Stadt dominieren, obwohl sie keine 50 Prozent der Bevölkerung mehr ausmachen. Mit den Einwanderungswellen der letzten Jahrzehnte sind Millionen von Mittel- und Südamerikanern hergezogen, Hunderttausende von Chinesen, Koreanern und Vietnamesen; dazu viele Afroamerikaner aus den Südstaaten. Der Zuzug war so groß, dass die Stadt ihren wirkungsvollsten Mechanismus fast verloren hat: das Verschmelzen, Vermischen und Integrieren vieler Verschiedenartigkeiten. Das verändert ihren Charakter, was David

York durch den Zusammenschluss von Manhattan, Brooklyn, Queens, Staten Island und der Bronx entstand. Brooklyn wird zunehmend interessanter durch seine Museen, die Architektur, den riesigen Prospect Park, Designerläden und raffinierte Restaurants. Queens, Staten Island und die

Innehalten auf ein Schwätzchen im Metropolentrubel: am Broadway in SoHo

Dinkins, der erste schwarze Bürgermeister New Yorks, 1989 so beschrieb: „New York ist kein Schmelztiegel mehr. Es ist ein Mosaik, in dem alle Teile gleich viel wert sind."

Doch das Mosaik hat Risse. Manche zeigen sich bereits, wenn man die fünf Stadtteile, die *boroughs,* betrachtet. Alle könnten einzeln ganze Städte sein – wie dies bis 1898 auch der Fall war, als Greater New

Bronx sind für den Reisenden weniger reizvoll. Es sind Wohngebiete mit lokalem Flair.

> **In Manhattan schlägt das Herz New Yorks**

Für Besucher ist Manhattan – zwischen Freiheitsstatue und Harlem – das eigentliche Ziel. Hier schlägt das Herz der Metropole.

TREND GUIDE NEW YORK

Die heißesten Entdeckungen und Hotspots!
Karolina Fuchs scoutet Sie durch den Szene-Dschungel

Unser Szene-Scout

Karolina Fuchs hat mehrere Jahre in einer kleinen Werbeagentur in Manhattan gearbeitet und im Szene-Viertel NoLIta gelebt (North of Little Italy). Für die Diplomgrafikerin und Bildredakteurin ist New York eine zweite Heimat und sie fliegt mindestens zweimal pro Jahr nach Hause, um sich neue Inspirationen zu holen und alte Freunde zu sehen. Bester Moment nach der Ankunft: der erste echte NY-Bagel!

▶▶ ADVENTURE

Natur erleben in der Großstadt

New Yorks Parkanlagen waren schon immer Magnete für Sportler, Frischluftfans und Picknicker. Natur- und Abenteuerfreaks waren bislang jedoch außen vor. Das ändert sich jetzt. Die New York State Parks öffnen sich für Camper und Co. Übernachtungen im Zelt mit geführten Exkursionen finden abwechselnd in den verschiedenen Parks statt. So verwandelt sich die Metropole langsam in einen Abenteuerspielplatz – immer unter den wachsamen Augen der Park Ranger. Noch mehr Abenteuer gefällig? In den Parks finden auch Kanufahrten, Naturexkursionen und Orienteering statt. Wer der Natur etwas zurückgeben will, kann außerdem mithelfen, einheimische Blumen zu pflanzen *(www.nycgovparks.org)*.

SZENE

▶▶ HOTELS FÜR LESERATTEN

Schlafen in der Bücherei

Bücher, so weit das Auge reicht. Die Ausstattung des *Library Hotels* versetzt Sie in ein Leseparadies: der Frühstücksraum, die Gänge und Schlafzimmer, alle Räume laden mit Romanen, Kinder- und Fachbüchern zum Schmökern ein. Bei der riesigen Auswahl ist sicherlich für jeden das Richtige dabei *(299 Madison Av., www.libraryhotel.com, Foto)*. Auch im *Cooper Square Hotel* dürfen Sie sich auf mehr Auswahl als die obligatorische Bibel im Nachtkästchen freuen. Kunstfreunde können sich z. B. schon vor dem Besuch im *MoMA* über die wichtigsten Kunstwerke informieren *(25 Cooper Square, www.thecoopersquarehotel.com)*. Das Angebot im *Roger Smith Hotel*: Kurzgeschichten, Theaterstücke und Klassiker für schlaflose Nächte *(501 Lexington Av., www.rogersmith.com)*.

▶▶ HANDMADE IN BROOKLYN

Food Revolution

Back to the roots ist das Motto der jungen Generation. In Brooklyn wird Käse wieder selbst gerührt und in speziellen Käseläden, wie dem *Bedford Cheese Shop*, verkauft *(229 Bedford Av., www.bedfordcheeseshop.com)*. Besonders lecker ist der körnige Senf mit Brown Ale von *McClure's Pickles (www.mcclurespickles.com, Foto)*. Bei *Greene Grape Provisions* sollten Sie unbedingt den hausgemachten Ricotta der Firma Salvatore Bklyn probieren *(753 Fulton St., http://brooklyn.greenegrape.com)*. Unterstützt wird diese Art von *pre-industrial food revolution* von *Brooklyn Kitchen*, die nicht nur viele der hier produzierten Leckereien verkaufen, sondern Ihnen auch zeigen, wie Sie Käse und Co. selbst herstellen können *(100 Frost St., www.thebrooklynkitchen.com)*.

▶▶ PING PONG

Tischtennis wird zum Event

Die Zeiten sind vorbei, als man sich mit Freunden im heimischen Keller zu einem Tischtennismatch getroffen hat! Nun spielen die New Yorker Pingpong in den Kneipen. Obwohl breite Ledersessel in der Lounge des *Slate Plus* zum Chillen einladen, versuchen sich Hobbyspieler lieber an den sechs Tischtennisplatten *(54 W 21st St., www.slate-ny.com)*. Auch im *Fat Cat* wird täglich für die jeden zweiten Sonntag im Monat stattfindenden Tuniere geübt *(75 Christopher St., www.fatcatmusic.org)*, im *Spin New York* stehen mehr als 4000 m² fürs Match bereit. Im dazugehörigen Tischtennisgeschäft gibt's das passende Equipment *(48 E 23rd St., http://web.me.com/spinstudios)*.

▶▶ JUNGDESIGNER

Kreativ im Kollektiv

Groß rauskommen, das ist der Traum vieler Jungdesigner. Eine Plattform für einen gelungenen Start bieten Designerkollektive. Bei *The Dressing Room Boutique & Bar* finden Sie die neuesten Kreationen und können außerdem Klamotten tauschen und wilde Partys feiern *(75a Orchard St., www.thedressingroomnyc.com*, Foto)*. Ebenso abwechslungsreich wie die Kollektionen des Teams von *Studio 5 in 1* ist auch die Shopping-Location, wo zum Beispiel Indie-Tops und Taschen von *Jane's Closet* angeboten werden *(60 North 6th St., www.studio5in1.com)*. Ebenfalls beliebt: *Love Brigade & Friends* in Williamsburg *(230 Grand St., www.lovebrigade.com)*.

▶▶ KONZERT IM POOL

Kultur in Williamsburg

Vor kurzem fand die angesagteste Pool-Party der Stadt noch in der McCarren Park School statt. Jetzt haben sich die Veranstalter eine neue Location gesucht und sorgen damit für ein kulturelles Highlight in Williamsburg. Im East River Park zwischen North Eighth und North Ninth Street finden im Sommer Konzertreihen mit Bands der Region statt. An mehreren Sonntagnachmittagen wird die *Waterfront* am East River mit ihren *Concert & Pool Parties* damit zur Partylocation Nummer eins und sorgt durch Livemusik und Spiele für jede Menge Fun *(93 Kent Av., www.freewilliamsburg.com/h2oshows)*.

▶▶ FRIEDHOFSLEBEN

Führungen

Eine Oase des Friedens ist der *Green-Wood Cemetry* schon lange. Doch dem geschichtsträchtigen Friedhof geht das Geld und der Platz aus. Die Ruhestätte soll neu erfunden und zum Touristen- und Ausflugsziel umfunktioniert werden.

Schon jetzt gibt es Führungen zu den Gräbern berühmter Verstorbener und Trolley-Rundfahrten. Anlässlich historischer Begebenheiten, wie der *Battle of Brooklyn*, werden Themen-Touren angeboten oder am Memorial Day Konzerte aufgeführt. In der historischen Kapelle finden Lesungen aus Büchern rund um das Friedhofsleben statt. Neben bereits archivierten Fotos und Büchern über den Friedhof sollen zukünftig auch Werke von dort begrabenen Künstlern in die Sammlung aufgenommen und der Öffentlichkeit zugänglich gemacht werden *(500 25th St., www.green-wood.com, Foto)*.

▶▶ FRISCHER WIND

Prospect Heights Nightlife

Schicke Cocktaillounges, Cafés und Biorestaurants bringen frischen Wind in die einst verschlafene Gegend nördlich des Prospect Parks. Vor allem entlang der Vanderbilt Avenue reiht sich Bar an Bar. Jede mit ihren ganz persönlichen, charmanten Besonderheiten. So lockt *Weather Up* mit außergewöhnlichen Cocktailkreationen *(589 Vanderbilt Av.)*. Im *Cornelius* werden zur Happy Hour neben erlesenen Single Malts Austern serviert *(565 Vanderbilt Av., www.corneliusbrooklyn.com)* und auf der Speisekarte des *The Vanderbilt* gibt es einen eigenen Abschnitt für Wurstwaren bis hin zur beliebten *blood sausage* (Blutwurst) *(570 Vanderbilt Av., www.thevanderbiltnyc.com)*. Auch in der *Flatbush Bar* können Sie sich nach Feierabend von der neuen Kreativität der Prospect Heights überzeugen *(76 St. Marks Av., www.flatbushfarm.com, Foto)*.

> SINGLELEBEN UND HÖHENRAUSCH

Phänomene, die das Lebensgefühl und die einzigartige
Atmosphäre in New York charakterisieren

Bild: Brooklyn Bridge

BIG APPLE

Der Ausdruck entstammt der Jazz-
szene vor dem Zweiten Weltkrieg.
Mit dem Biss in den „großen Apfel"
wurden die begehrten Auftritte in
New York bezeichnet: Sie waren
nicht nur besser bezahlt, sie waren
auch ein Karrieresprungbrett. Das
Etikett wurde in den 1970er-Jahren
von den Tourismuswerbern erfolg-
reich als Spitzname der Stadt adaptiert.

DOWNTOWN

Während sich dieser Begriff in anderen Teilen Amerikas als eher unge-
naue Bezeichnung für das Stadtzent-
rum durchgesetzt hat, hat er in New
York noch eine sehr präzise Bedeutung, die man beim Blick auf den
Stadtplan sofort erkennt: Downtown
ist die südliche Hälfte von Manhattan
(und gilt als Synonym für ambitio-
nierte und kreative junge New Yor-

STICH WORTE

ker). Im Gegensatz dazu ist Uptown der nördliche Teil westlich und östlich vom Central Park. Der dort gepflegte Wohnstil zeigt sich in Wohnungen mit Bibliotheken, Dienstbotenzimmern mit eigenen Aufgängen, 10 m langen Esszimmern, dicken Wänden, hohen Decken und offenen Kaminen. Dies alles hat das Image des Uptown-Bewohners geprägt: Er galt und gilt als Angehöriger des Establishments.

GRÜNES NEW YORK

Die ★ *High Line in Chelsea* *(www.thehighline.org* | [132 B6–C1]) – eine begrünte, mit Liegestühlen ausgestattete ehemalige Hochbahntrasse, auf der sogar Wildblumen wachsen – symbolisiert das neue grüne New York wohl am besten. Straßen und Plätze werden in Manhattan verkehrsberuhigt, der Times Square ist nun eine Fußgängerzone, bunte Fahrradwege wurden angelegt und an der Westseite Manhattans entsteht der *Hudson River Park*, der sich von der Südspitze bis zur George Washington Bridge im Norden erstreckt. Er bietet Wiesen, Tennisplätze und Paddelvergnügen. Öko ist schick! New York endeckt die Vorteile von gesundem Essen, grüner Umgebung – und ein wenig Gelassenheit.

Eine Stadt in der Stadt ist das Rockefeller Center aus den 1930er-Jahren

HÖHENRAUSCH

Die ersten Wolkenkratzer entstanden Ende des 19. Jhs. Der Mangel an Grundstücken allein reicht nicht, um die Begeisterung für sie zu erklären. Tatsächlich ging es um mehr: um eine Form der Selbstbestätigung. Vom World Building von 1890 über den Metropolitan Life Tower (1909), das Woolworth Building (1913), das Art déco-Denkmal namens Chrysler Building (1930, 319 m) bis zum Empire State Building (bis zur Spitze des Blitzableiters 443 m), das 1931 eingeweiht wurde, erstreckte sich eine Zeitspanne monumentalen Denkens: New Yorks höchste Wolkenkratzer waren gleichzeitig die höchsten Gebäude der Welt. Die beiden Türme des World Trade Center standen bei ihrer Fertigstellung 1971 und 1973 in dieser Tradition: Weltrekord mit 419,7 m. Danach ebbte der Höhenrausch ab. Jetzt wird an Stelle des World Trade Center das One World Trade Center entstehen. 541 m hoch, soll es an die Toten des 11. September 2001 erinnern und zeigen: Terrorismus kann die Freiheit nicht bezwingen.

INSELHOPPING

New York City besteht aus lauter Inseln – das vergisst man leicht. Die Uferlinie ist 930 km lang, das entspricht ungefähr der Strecke Flensburg – München. Eine Fähre bringt Gäste an die Südspitze Manhattans, nach Governors Island mit seinen Wiesen fürs Picknick und alten Militärgebäuden zur Besichtigung. Mit der Seilbahn auf Höhe der 60. Straße schwebt man nach ✂ Roosevelt

Island im East River; von dieser Insel lohnt vor allem der Blick von oben. Nach Randall Island wiederum laufen Sie zu Fuß über die Brücke an der 103. Straße, mit der U-Bahn und dem Bus geht's ins Seglerparadies City Island. Und ganz frisch aufgemöbelt zieht Coney Island im Süden Brooklyns wieder viele Besucher an: Achterbahn und Strand, Aquarium und russisches Essen locken auf die Halbinsel am Meer. Womit das Ende der weitgehend unbekannten Welt vor den Toren New Yorks längst nicht erreicht ist, es gibt noch jede Menge weiterer großer und kleiner Inseln.

MUSICALS

New York ist eine Hochburg dieser ureigenen US-Bühnenkunst. Einerseits zieht es 10 Mio. Besucher im Jahr in die Musicals, andererseits kaschiert der Erfolg aber auch, dass die große Zeit der lokalen Komponisten und Autoren eine Weile zurückliegt. Viele Musicalproduktionen sind entweder Importe aus London oder es handelt sich um Wiederaufnahmen von Klassikern.

SINGLELEBEN

Wenn amerikanische Fernsehserien das Lebensgefühl der jungen Generation einfangen wollen, greifen sie gern auf einen Stoff zurück: Singledasein in New York – so bei Klassikern wie „Friends" und „Sex and the City" oder neueren Sitcoms wie „How I Met Your Mother". Rund 60 Prozent aller New Yorker, so sagt die Statistik, suchen nach einem Partner. Eine ihrer Hoffnungen: *online dating*. Doch was macht die Suche nach der wahren Liebe so schwer? New Yorker wollen immer das Beste, und die Karriere geht im Zweifel vor.

> DAS KLIMA IM BLICK

Handeln statt reden

Reisen bereichert und verbindet Menschen und Kulturen. Jedoch: Wer reist, erzeugt auch CO_2. Dabei trägt der Flugverkehr mit bis zu 10 % zur globalen Erwärmung bei. Wer das Klima schützen will, sollte sich somit nach Möglichkeit für die schonendere Reiseform (wie z. B. die Bahn) entscheiden. Wenn keine Alternative zum Fliegen besteht, so kann man mit *atmosfair* handeln und klimafördernde Projekte unterstützen.

atmosfair ist eine gemeinnützige Klimaschutzorganisation.

Die Idee: Flugpassagiere spenden einen kilometerabhängigen Beitrag für die von ihnen verursachten Emissionen und finanzieren damit Projekte in Entwicklungsländern, die dort helfen, den Ausstoß von Klimagasen zu verringern. Dazu berechnet man mit dem Emissionsrechner auf *www.atmosfair.de* wie viel CO_2 der Flug produziert und was es kostet, eine vergleichbare Menge Klimagase einzusparen (z. B. Berlin–London–Berlin: ca. 13 Euro). *atmosfair* garantiert, unter der Schirmherrschaft von Klaus Töpfer, die sorgfältige Verwendung Ihres Beitrags. Auch der MairDumont Verlag fliegt mit *atmosfair*.

Unterstützen auch Sie den Klimaschutz: *www.atmosfair.de*

TANZ AUF DEM BIG APPLE

Straßenfeste, Umzüge, Openairfestivals – die Stadt, die niemals schläft, feiert zu jeder Gelegnheit

> Drei Stadtmagazine – *New York, Time Out* und die kostenlose *Village Voice* – listen wöchentlich das Veranstaltungsangebot auf. Auch zu empfehlen: der *Weekend*-Teil der *New York Times* am Freitag.

■ FEIERTAGE ■

An folgenden Tagen sind Behörden, Postämter, Schulen, Büros und die meisten Geschäfte geschlossen:

1. Jan. – *New Year's Day;* **Letzter Montag im Mai** – *Memorial Day* (man gedenkt der Toten und Kriegsopfer); **4. Juli** – *Independence Day* (Nationalfeiertag); **1. Montag im Sept.** – *Labor Day* (Tag der Arbeit); **4. Donnerstag im Nov.** – *Thanksgiving* (Erntedankfest); **25. Dez.** – *Christmas Day* (der einzige Weihnachtsfeiertag).
An folgenden Tagen sind Behörden geschlossen, die meisten Büros geöffnet, viele Geschäfte bieten besondere *sales:*
3. Montag im Jan. – *Martin Luther King's Birthday;* **3. Montag im Feb.** – *Presidents' Day;* **2. Montag im Okt.** – *Columbus Day;*
1. Dienstag im Nov. – *Election Day* (Wahltag); **11. Nov.** – *Veteran's Day*

■ VERANSTALTUNGEN ■

Januar

Zwischen Januar und Februar *Chinesisches Neujahr,* zehntägiges Fest mit Feuerwerk in Chinatown.

März

17. März ist *St. Patrick's Day*. Auf der Fifth Avenue zwischen 44th und 86th Street feiern die irischstämmigen Amerikaner mit einem Umzug.

Mai

Anfang Mai findet das *TriBeCa Filmfestival* von Schauspielstar Robert De Niro statt. *www.tribecafilmfestival.org*

Juni

Museum Mile Festival auf der Fifth Avenue: Gaukler, Clowns, Musiker. Die Metropolitan Operabietet in verschiedenen Parks abendliche *Openairkonzerte* (Eintritt frei).

Inside Tipp

Aktuelle Events weltweit auf www.marcopolo.de/events

> EVENTS
FESTE & MEHR

Ende Juni jährliche Homosexuellenparade zum *Gay and Lesbian Pride Day* (Christopher Street Day).

Juli
4. Juli, 21 Uhr: Großes Feuerwerk zum *Unabhängigkeitstag* am East River. Beste Aussicht vom FDR Drive zwischen 14th und 50th St.

September
Am *11. September* wird der Toten der World-Trade-Center-Anschläge von 2001 gedacht.
An einem Samstag in der zweiten Septemberhälfte *Steuben Day Parade*: Zu Ehren des preußischen Generals Friedrich Wilhelm von Steuben ziehen deutschstämmige Amerikaner über die Fifth Avenue *(www.germanparade nyc.org)*.
Ab Mitte September zehn Tage lang *Feast of San Gennaro*, ein Jahrmarkt zu Ehren des Schutzheiligen von Neapel *(www.sangennaro.org)*. Mulberry Street südlich der Houston Street

September/Oktober
Ende September bis Anfang Oktober *New York Filmfestival* im Museum of Modern Art und im Lincoln Center.

Oktober
Am 31. Oktober feiern Zehntausende in greller Verkleidung *Halloween*, das Fest der Geister auf der Sixth Avenue.

November
Erster Sonntag: *New York Marathon*. Start: Verrazano Bridge, Ziel: Central Park *(www.ingnycmarathon.org)*.
Am vierten Donnerstag zieht die *Thanksgiving Day Parade* von Central Park West und 77th Street bis zum Kaufhaus Macy's – mit Umzugswagen und riesigen Ballons.

November/Dezember
Ende November, Anfang Dezember wird der *Weihnachtsbaum* im Rockefeller Center feierlich illuminiert. Die Lichterketten, die sich um den Baum winden, sind fast 8 km lang.

> KULTUR UND SIGHTSEEING SATT

Empire State Building, SoHo, Staten Island Ferry, Central Park und
Broadway – im Big Apple brodelt Tag und Nacht das Leben

> Eine Stadt wie New York zu entdecken ist reizvoll und schwierig zugleich. Reizvoll, weil es so viel zu sehen gibt, und schwierig, weil man von der enormen Vielfalt auf den ersten Blick fast überwältigt ist.

New York versammelt kühnste Architektur auf engstem Raum: Es besitzt gigantische Wolkenkratzer, riesige Brücken, wuchtige Kirchen – und mittendrin einen Park, der fast so groß ist wie die Nordseeinsel Helgoland.

Den besten Überblick bekommen Sie vom Empire State Building. Von dort oben sehen Sie sofort, dass New York auf einer Inselgruppe liegt, erkennen das rasterförmige Straßennetz von Manhattan mit den breiten Avenues in Nord-Süd-Richtung, den Central Park, Downtown und Uptown, West Side und East Side und dazu die Ausdehnung der fünf Stadtteile: Manhattan, Brooklyn, Queens, die Bronx und Staten Island. Das

Bild: Times Square

SUNDAY, JUNE 13 AT 9PM HBO

SEHENS WERTES

beste Fortbewegungsmittel sind die eigenen Beine oder die U-Bahn. Besonders schön ist eine Umrundung Manhattans mit dem Schiff. Noch aufregender, aber teurer ist ein Flug mit dem Hubschrauber. Je nach Geldbeutel lässt sich zwischen sechs- und 20-minütigen Flügen wählen.

Heute ist New York die Kunstmetropole der Welt mit hervorragenden Museen, kreativen Künstlern und einem äußerst interessierten Publikum. Welche Ausstellungen im Gespräch sind, welche den Besuch lohnen – das erfahren Sie in der *New York Times (Fr u. Sa),* in den Wochenmagazinen *New York Magazine, Time Out* und *The New Yorker* oder auf der exzellenten Website *http:// dks.thing.net.*

Viele Museen bieten Audiotouren an (zumeist in Englisch), die Sie gegen eine geringe Gebühr am Eingang leihen können und welche Sie

Insider Tipp

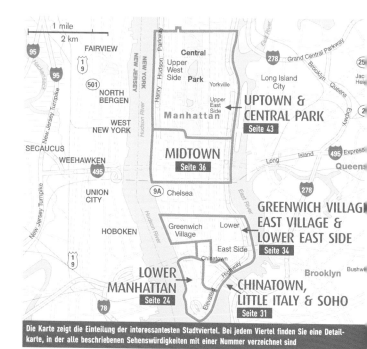

Die Karte zeigt die Einteilung der interessantesten Stadtviertel. Bei jedem Viertel finden Sie eine Detailkarte, in der alle beschriebenen Sehenswürdigkeiten mit einer Nummer verzeichnet sind

sachkundig durch die Ausstellung begleiten. Einige Museen verlangen keinen festgesetzten Eintritt, sondern erwarten einen freiwilligen Obolus. Die Höhe des erbetenen Betrags ist stets in einem Aushang am Eingang vermerkt. Amerikaner zahlen gern, wenn sie können, deshalb wird niemand, der weniger gibt, schief angesehen. Montags haben in New York fast alle Museen geschlossen. Der Onlinekauf von Tickets für das Empire State Building, die Freiheitsstatue und das Museum of Modern Art bringt große zeitliche Vorteile. Dank Internetbuchung müssen Sie beim Besuch nicht so lange in der Schlange stehen.

> *www.marcopolo.de/newyork*

LOWER MANHATTAN

> Das vielseitige Lower Manhattan bietet einfach alles: elegante Restaurants, historische Sehenswürdigkeiten und beeindruckende Skyscraper. Hier liegt das finanzielle Zentrum New Yorks – die Wall Street; hier standen die beiden Türme des Word Trade Center vor dem Anschlag am 11. September 2001; hier entsteht das neue One World Trade Center; hier kamen die Immigranten bis Mitte des 20. Jhs. an – und suchten ihr Glück in der Neuen Welt. Zwischen riesigen Gebäuden und auf schmalen Kopfsteinpflaster-

SEHENSWERTES

straßen lohnt sich ein ausgedehnter Spaziergang an der Südspitze Manhattans. Eine Fährfahrt nach Staten Island ermöglicht einen beeindruckenden Blick auf die südliche Skyline vom Wasser aus. Durch den Battery Park am Hudson River entlang gelangen Sie nach TriBeCa, wo Restaurants nicht nur saftige Preise haben, sondern auch mit prominenten Besuchern locken. Vielleicht werden Sie neben Woody Allan gesetzt?

1 BROOKLYN BRIDGE ⭐ [129 D5]

Die erste Brücke, die Manhattan mit Brooklyn verband, wurde 1883 nach 13 Jahren Bauzeit unter Leitung des deutschstämmigen Ingenieurs John A. Roebling und seines Sohnes fertiggestellt. Die beiden Pfeiler ragen zwischen Hunderten von Stahlkabeln 89 m hoch. Die Konstruktion wurde als „achtes Weltwunder" bejubelt, führt 530 m über den East River und hat unter ihren neugotischen Bögen

MARCO POLO HIGHLIGHTS

⭐ **Staten Island Ferry**
Ein Traumblick auf Manhattans Skyline – völlig gratis (Seite 29)

⭐ **Grand Central Station**
Gigantische Bahnhofshalle voller architektonischer Kostbarkeiten (Seite 39)

⭐ **Empire State Building**
Happyend im 86. Stock: der höchste und eindrucksvollste Ausblick über die Stadt (Seite 38)

⭐ **Ground Zero/World Trade Center Site**
Aufbruch in die Zukunft am Ort des Terrors vom 11. September (Seite 27)

⭐ **Rockefeller Center**
Eine Stadt in der Stadt (Seite 41)

⭐ **Central Park**
Laufen, Fahrrad fahren oder Sonne und Natur genießen (Seite 46)

⭐ **Statue of Liberty**
Berühmtes Wahrzeichen (Seite 29)

⭐ **Fifth Avenue**
Manhattans Paradestraße (Seite 35)

⭐ **Guggenheim Museum**
Malerei und Skulpturen der Moderne im eigenwilligen Spiralbau von Frank Lloyd Wright (Seite 47)

⭐ **Metropolitan Museum of Art**
Kunst über Kunst im berühmtesten Museum der Stadt (Seite 49)

⭐ **Brooklyn Bridge**
Die Skyline genießen beim Überqueren des „achten Weltwunders" (Seite 25)

⭐ **Museum of Modern Art**
Das Kunstmekka gilt als bestes Museum der Welt (Seite 40)

⭐ **American Folk Art Museum**
Die Kunst der Indianer und ersten Siedler in einem spektakulären, preisgekrönten Museumsbau (Seite 37)

⭐ **American Museum of Natural History**
Dinosaurier und eine Reise ins Weltall im Naturgeschichtemuseum (Seite 44)

⭐ **Lincoln Center**
Konzerte und Theater für bis zu 15000 Zuschauer unter einem Dach (Seite 49)

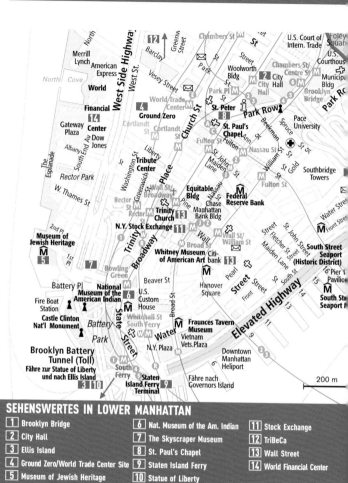

SEHENSWERTES IN LOWER MANHATTAN

eine Promenade, von der aus Sie den Ausblick auf die Skyline von Manhattan genießen. Am schönsten: auf Manhattan zulaufen. Dafür mit der Subway Linie A oder C bis zur High St. Station. Oder in Manhattan starten: von der Park Row/Centre St. *Subway: Brooklyn Bridge/City Hall, 4–6*

Insider Tipp

[2] CITY HALL [128 C3–4]

Ursprünglich war die Südfassade des 1812 fertig gestellten Amtssitzes des Bürgermeisters mit Marmor verkleidet, die Nordfassade mit Backstein. Die Stadtväter nahmen damals an, dass New York nicht weiter nach Norden wachsen würde. An der Ostseite der Centre Street liegt das Municipal Building, in dem heiratswillige Touristen für $ 35 (in Form einer *money order*, die man im Postamt bekommt) eine *marriage license* erwerben können *(www.cityclerk. nyc.gov)*. *Mo–Fr 8.30–15.45 Uhr | 141 Worth St. | Subway: City Hall, R*

Tgl. 9–17 Uhr | Statue of Liberty Line, Abfahrt Battery Park, Fähren alle 30 Min. | Eintritt $ 12, bis zu 1 Stunde Wartezeit wegen Sicherheitschecks; keine großen Taschen erlaubt | www.ellisisland.org | Subway: South Ferry, 1 (nur in die vorderen fünf Wagen einsteigen!)

Bis 1954 für Einwanderer das Tor zur Neuen Welt: Ellis Island

3 ELLIS ISLAND [144 C3]

Rund 12 Mio. Einwanderer kamen in diesem Durchgangslager an. Es war auf der kleinen Insel in der New Yorker Bay zwischen 1892 und 1954 in Betrieb. Restauriert wurde bislang nur das Hauptgebäude, hier befindet sich auch ein Museum zum Thema Einwanderung. Die Zukunft der anderen 32 Gebäude ist noch ungewiss.

4 GROUND ZERO/WORLD TRADE CENTER SITE ★ [128 B4]

Nach dem 11. September 2001 war Ground Zero der Begriff, mit dem man versuchte, das Entsetzen zu erfassen: Das World Trade Center, seit seiner Eröffnung 1973 ein Wahrzeichen der Stadt, in dem 50000 Menschen arbeiteten, das sich 80000 Besucher täglich ansahen, war dem

Erdboden gleichgemacht. Der Ausdruck, ursprünglich bei Atombombentests verwendet, wird wohl auf immer mit den 7 ha Fläche zwischen Liberty Church, Vesey und West Street verbunden bleiben. Nur 16 Menschen überlebten im Nordturm, als er um 10.28 Uhr einstürzte. Viele der Toten konnten nur durch eine DNA-Analyse identifiziert werden. Es dauerte bis Ende Mai 2002, die 1,6 Mio. t Schutt zu räumen. Der Wiederaufbau hat begonnen – und damit Machtkämpfe um das riesige Bauvorhaben, an dem gleich eine Handvoll Stararchitekten beteiligt sind. Daniel Libeskinds Entwurf ist längst nur noch die Basis des Projekts, das von Architekt David Childs geleitet wird. Lord Norman Foster baut den „Tower Two" und Santiago Calatrava den wichtigsten Verkehrsknotenpunkt in Downtown. Heute wird der Ort neutral World Trade Center Site genannt. Feuerwehrleute, Überlebende, Angehörige von Opfern und Anwohner machen Führungen an den Ort des Anschlags . Das *Tribute WTC Visitor Center* bietet darüber hinaus vielfältige Informationen über 9/11 und die Folgen. *Mo, Mi–Sa 10–18, Di 12–18, So 12–17 Uhr | 120 Liberty St. | Führungen: So–Fr stdl. von 11–13 u. 15 Uhr, Sa stdl. von 11–16 Uhr | Kosten $ 10 | www.tributewtc.org | Subway: Chambers St., A, C, 1–3*

5 MUSEUM OF JEWISH HERITAGE [128 A5]

„A Living Memorial to the Holocaust" – so der Untertitel des Museums. Das sternförmig angelegte Granitgebäude am Südende von Manhattan wurde als Tribut an die 6 Mio. Toten des Holocaust errichtet. Gegenstände des jüdischen Alltagslebens und des Lebens im KZ werden

New York ist wachsam geworden: Streifenwagen vor Ground Zero

mit Szenen aus Dokumentarfilmen unterlegt. *So–Di, Do 10–17.45, Mi 10–20, Fr und vor jüdischen Feiertagen 10–15 Uhr | 36 Battery Place | Eintritt $ 12 | www.mjhnyc.org | Subway: South Ferry, 1, Bowling Green, 4, 5*

6 NATIONAL MUSEUM OF THE AMERICAN INDIAN [128 B5]

Ein Teil der 3 Mio. Gegenstände, die der New Yorker Banker George Gustav Heye aus dem Leben der amerikanischen Indianer zusammentrug (u.a. Teppiche, Körbe, Töpferwaren und Fotos) sind in zwei Etagen des ehemaligen U. S. Custom House an der Südspitze von Manhattan zu sehen. Außerdem: wechselnde Ausstellungen von jungen indianischen Künstlern, Souvenirshop. *Fr–Mi 10–17, Do 10–20 Uhr | One Bowling Green | Eintritt frei | www.nmai.si.edu | Subway: South Ferry, 1, Bowling Green, 4, 5*

Insider Tipp 7 THE SKYSCRAPER MUSEUM [128 A5]

Hier steht das letzte existierende Original eines Architekturmodells vom World Trade Center. Die Böden und Decken aus poliertem Stahl reflektieren im Museum die Modelle und strecken sie ins Unendliche. Der Eingang ist eine „Lichtbox" des Künstlers James Turrell, die den Hoffnungsschimmer für Lower Manhattan symbolisieren soll. *Mi–So 12–18 Uhr | 39 Battery Place | Eintritt $ 5 | www.skyscraper.org | Subway: Rector St., R, 1, Bowling Green, 4, 5*

8 ST. PAUL'S CHAPEL [128 B4]

Die kleine Kapelle war 1776 als „Kapelle der Erleichterung" erbaut worden. Sie stand in einem Feld in Hafennähe und spendete allen Trost, die fern der Heimat waren. Aber sie zog auch die „Großen" an: George Washington hat hier 1789 am Tag seiner Amtseinführung gebetet. St. Paul's stand direkt am Fuß des World Trade Center – und blieb unversehrt. Die Ausstellung *Unwavering Spirit* dokumentiert die Arbeit der Kirche nach dem Anschlag. *Church St. | zw. Vesey und Fulton St. | www.saintpauls chapel.org | Subway: Broadway Nassau/Fulton St., A, C, 1, 4, 5,*

9 STATEN ISLAND FERRY ★ ☼ [128 B6]

Das wahrscheinlich billigste Vergnügen, das New York zu bieten hat, mit dem schönsten Blick auf die Skyline von Manhattan: eine Fahrt mit der Fähre nach Staten Island und zurück, vorbei an „Lady Liberty" und Ellis Island – ganz umsonst. *Tagsüber alle 30 (rush hour alle 15) Min., 23.30–6.30 Uhr stündlich | South St./State St. | Subway: South Ferry, 1 (nur die ersten fünf Wagen am Zuganfang)*

10 STATUE OF LIBERTY ★ ☼ [144 C4]

Vom französischen Bildhauer Frédéric-Auguste Bartholdi 1886 zusammen mit Gustave Eiffel als Symbol für die politischen Ideale der USA errichtet: „Miss Liberty" ist 46 m hoch (der Sockel 47 m) und wiegt 225 t. Es gibt nur eine limitierte Anzahl von Tagestickets, rund eine Stunde Wartezeit. Gute Alternative: Das Schiff nach Ellis Island fährt dicht an der Statue vorbei. *Fähren 9–17 Uhr alle 30 Min., vom Office der Circle Line im Castle Clinton in Battery Park | Tel. 1866-782-8834 |*

Wahrzeichen: Statue of Liberty

Marktviertel der Stadt: der Washington Market. Aus den Lageretagen sind Lofts der New Yorker Kreativen geworden. Kein Stadtteil hat unter 9/11 so gelitten wie dieser. Auch dank Robert De Niros TriBeCa-Filmfestival sind die Nachtschwärmer zurück. Wer in den Szenelokalen *Nobu* und *Next Door Nobu (S. 60)* isst, hat gute Chancen, Celebritys zu sehen. *Subway: Franklin St., 1*

🔟🔟 WALL STREET [128 B–C5]

Vielleicht wäre diese kleine Straße am Südzipfel von Manhattan nicht halb so berühmt geworden, wenn hier nicht 1929 eine Welt zusammengebrochen wäre. Die *Stock Exchange*, die Börse, wurde mit dem „Schwarzen Freitag" zu einem Symbol für Macht und Elend der Spekulanten. Nichts im Financial District mit seinen Banken und Anlageberatungsfirmen vermittelt optisch deutlicher die Macht, die von der Schaltstelle des internationalen Geldkreislaufs ausgeht. *Subway: Wall St., 2–5*

🔟🔟 WORLD FINANCIAL CENTER [128 A3–4]

Von New Yorker Architekten wie Alexander Cooper an der Südspitze Manhattans gebaute kleine Stadt mit Büros, Läden und Wohnungen (*Battery Park City*), einer Halle mit Glasdach (*Winter Garden*), Yachthafen und Grünflächen. Im Winter Garden gibt es viele Restaurants und Läden, dazu kostenlose Konzerte und Ausstellungen (*Infos: „calendar" der Website*). *West St. | zw. Vesey und Liberty St. | www.worldfinancialcenter.com | Subway: Chambers St., A, C, E, J, M, Z, 1, 2*

Inside Tipp

www.statuecruises.com | Liberty Island | Kosten $ 12 (inkl. Ellis Island) | www.nps.gov/stli | Subway: South Ferry, 1, Bowling Green, 4, 5

🔟🔟 STOCK EXCHANGE [128 B5]

Mittelpunkt des Finanzdistrikts ist ein klassizistisches Gebäude – die Börse. Die Besuchergalerie ist aus Sicherheitsgründen geschlossen. *20 Broad St. | www.nyse.com | Subway: Rector St., N, R, Wall St., 2–5*

🔟🔟 TRIBECA [128 B1–3]

Das Dreieck südlich der Canal Street (*Tri*angle *Be*low *Ca*nal) war das

CHINATOWN, LITTLE ITALY & SOHO

> Die ethnische Vielfalt New Yorks ist in diesen Vierteln besonders augenfällig. Fremde Gerüche, exotisches Essen und buntes Treiben auf den Straßen verleiten zur Frage, auf welchen Kontinent man geraten ist. Ein Heer an chinesischen Lebensmittelläden, Pizzabäckern, Edelboutiquen, teuren Galerien, vietnamesischen Restaurants und italicnischen Cafés verleitet zum Gucken und Ausprobieren.

Fast die Hälfte der rund 300 000 New Yorker Chinesen lebt in *Chinatown*, viele, ohne ein Wort Englisch zu sprechen: Chinesische Schriftzeichen gibt es überall. Für New Yorker und ihre Gäste ist Asien damit nur ein U-Bahn-Ticket entfernt. Einige der unzähligen Restaurants in Chinatown haben übrigens keine *liquor license* – die Genehmigung zum Alkoholausschank. Aber Sie dürfen Bier oder Wein gegen eine Gebühr von meist nur $ 3 mitbringen.

Die italienischen Immigranten, die sich seit Anfang des 20. Jhs. in *Little Italy* niederließen, haben es nicht leicht: Aus Chinatown drängt ein Strom neuer Einwanderer aus Hongkong über die alte Grenze Canal Street. In die teureren Apartments ziehen Yuppies, und auf den Straßen drängeln sich Touristen. Doch beim Cappuccino im Straßencafé lässt sich noch immer *la dolce vita* spüren.

Westlich daneben liegt *SoHo*. Der Name steht für *So*uth of *Ho*uston Street. Das Viertel zwischen Broadway und Avenue of the Americas wurde Anfang der 1970er-Jahre von Künstlern entdeckt. Galerien und Boutiquen rückten nach. Heute ist SoHo eines der besten Einkaufsviertel New Yorks.

◼ 1 BROADWAY [128 B5–141 D1]

Mittendurch verläuft die berühmteste Straße von New York, die auch die längste ist: der Broadway. Er zieht sich von Manhattans Südspitze fast 20 km lang nach Norden. Der Broadway ist im gradlinigen Straßenraster die einzige schräge Ausnahme und windet sich von der Ostseite quer durch Midtown an die Upper West Side und nach Harlem. In SoHo lässt sich das Shoppen am Broadway mit Galeriebesuchen versüßen. Neben Kunstausstellungen lockern Designerboutiquen mit teurer Kleidung und Jeanspaläste mit Dumpingpreisen. *Subway: Broadway-Lafayette, B, D, F*

■2 CANAL STREET   [128 B1–129 E3]
Die Canal Street trennt die beiden Viertel West Village und SoHo von ihrem Nachbarn TriBeCa, und Little Italy grenzt hier an Chinatown. Am informativsten ist ein Spaziergang samstags von der Sixth Avenue nach Osten, auf die Manhattan Bridge zu. Dabei werden Sie feststellen: Es gibt nichts, was auf der Canal Street nicht verkauft wird. Und in Chinatown liegen all jene Fisch- und Gemüsegeschäfte, derentwegen selbst die Uptowner die Reise nach Downtown machen. *Subway: Canal St., A, C, E, N, Q, R*

■3 GREENE STREET   [128 C2–129 D1]
SoHo ist auch bekannt für seine gut erhaltenen *cast-iron*-Gebäude. Kunstvolle gusseiserne Fassadenteile und freitragende Decken charakterisieren diese Industriearchitektur des 19. Jhs. Kopfsteinpflasterstraßen verstärken die historische Wirkung der Industrieschönheiten. Ca. 50 Häuser sind erhalten – die meisten in der Greene Street zwischen Canal und Prince. *Subway: Canal St, A, C, E, N, Q, R*

■4 NEW MUSEUM OF CONTEMPORARY ART   [132 B2]
Inside Tip
Da moderne Kunst längst in der Gesellschaft etabliert und fest veran-

Das Straßenleben in Chinatown entführt ins exotische Asien

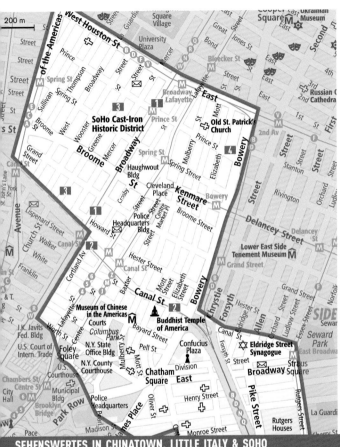

SEHENSWERTES IN CHINATOWN, LITTLE ITALY & SOHO
1 Broadway
2 Canal Street
3 Greene Street
4 New Museum of Contemporary Art

kert ist, findet hier die brandaktuelle Avantgarde ihr Forum. Der Besuch liefert eine spannende Ergänzung zu dem, was in den Galerienvierteln SoHo und Chelsea zu sehen ist. Seit Dezember 2007 ist die zeitgenössische Kunst mittlerweile in Manhattans jüngstem Museumsbau zu bewundern. Das faszinierende Gebäude beherbergt auch ein Café und den Museumsshop. *235 Bowery/Ecke Prince St. | Eintritt $ 12 | www.new museum.org | Subway: Broadway-Lafayette, B, D, F*

GREENWICH VILLAGE, EAST VILLAGE & LOWER EAST SIDE

> **Bis in die 1960er-Jahre war der Stadtteil Greenwich Village die Domäne von Schriftstellern, Künstlern und Professoren der New York University.** Heute ist es zu einer teuren Wohngegend ohne Wolkenkratzer geworden. Viele Häuser besitzen noch immer besonders prächtige Treppenaufgänge. Manche der sogenannten *brownstones* und *townhouses* stammen vom Beginn des 19. Jhs. Die schmalen Straßen tragen zumeist Namen, keine Nummern wie anderswo in Manhattan. Im Osten von Greenwich finden Sie das besonders bei jungen Leuten beliebte *East Village*.

Das alte jüdisch-polnisch-russische Viertel zwischen Bowery und Avenue A sowie 1st und 12th Street ist immer noch eines der Künstlerviertel der Metropole am Hudson. Seit die Mieten steigen, sind viele Künstler allerdings bereit wieder weitergezogen in die Avenues B, C und D. Der *street chic* aber, die Mode, die auf der Straße erfunden wird, ist hier überall zu Hause – ebenso wie preiswerte Restaurants verschiedener Nationalitäten wie etwa tibetanisch, arabisch und griechisch.

Berühmt – und berüchtigt – wurde die ▶▶ *Lower East Side* Ende des 19. Jhs. als Heimstatt für die vielen Einwanderer aus Europa. Deren ärmliche Lebensumstände in der neuen Heimat können Sie sehr anschaulich im Tenement Museum erleben. Heute steht das Viertel für den Aufbruch, steckt voller vibrierender Energie und liefert Impulse für die Stadt. Kleine Galerien, winzige Designerläden und schräge Bars ziehen die Besucher an.

Manhattans erste Adressen liegen an der Fifth Avenue

One Fifth Avenue

SEHENSWERTES

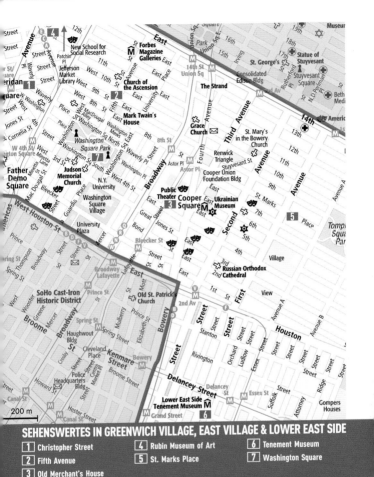

SEHENSWERTES IN GREENWICH VILLAGE, EAST VILLAGE & LOWER EAST SIDE

- **1** Christopher Street
- **2** Fifth Avenue
- **3** Old Merchant's House
- **4** Rubin Museum of Art
- **5** St. Marks Place
- **6** Tenement Museum
- **7** Washington Square

1 CHRISTOPHER STREET ▶▶ [132 B5–C5]

Im Herzen von Greenwich Village liegt das Zentrum von New Yorks homosexueller Bevölkerung. In der Umgebung von Christopher Street und Gay Street findet man Kneipen, Bars und Geschäfte, in denen sich am liebsten Gleichgeschlechtliche treffen. *Subway: Christopher St., 1*

2 FIFTH AVENUE ★ [133 D5–142 C1]

Manhattans Paradestraße: Hier finden die großen Umzüge statt (z.B. die *Steuben Parade* und die *St. Patrick's Day Parade*). Hier zeigt sich New

York mit seinen glanzvollen Geschäften (wie *Tiffany* und *Bergdorf Goodman*), seinen prachtvollen Museen (Metropolitan Museum, Guggenheim Museum), der eindrucksvollen Architektur des Rockefeller Center und der Größe des Empire State Building von der besten Seite. Die Fifth Avenue, die im Süden am Washington Square beginnt, liefert Ihnen zudem eine wichtige Orientierungshilfe im Stadtdschungel: Sie halbiert Manhattans nummerierte Straßen in West (W) und East (E).

▣ OLD MERCHANT'S HOUSE [133 D6]

Das Haus eines wohlhabenden Eisenwarenhändlers von 1832 ist das einzige der Stadt aus dem 19. Jh., das mit seiner Einrichtung erhalten geblieben ist. *Do–Mo 12–17 Uhr | 29 E 4th St. | zw. Lafayette St. und Bowery | Eintritt $ 8 | www.merchantshouse.com | Subway: Astor Place, 6*

▣ RUBIN MUSEUM OF ART [132 C3]

Insider Tipp

In dem kleinen Juwel von einem Museum sammeln seit drei Jahrzehnten die New Yorker Shelley und Donald Rubin buddhistische Kunst, vor allem aus dem Himalaya. Mandalas, Meditationsbilder und Ausstellungen zeitgenössischer asiatischer Künstler. Eine Pause in der hippen Bar rundet den Besuch ab. *Mo, Do 11–17, Mi 11–19, Fr 11–22, Sa, So 11–18 Uhr | 150 W 17th St. | zw. 6th und 7th Av. | Eintritt $ 10 | www.rma nyc.org | Subway: 14 St., F, L*

▣ ST. MARKS PLACE [133 E–F6]

Im Viertel, in dem sich jahrzehntelang polnische und ukrainische Einwanderer niederließen, heißt die 8th Street

St. Marks Place. Eine Straße voller Geschäfte mit Secondhandkleidung und anderen Schätzen vom Trödler, Restaurants und Cafés. Verschnaufpausen bieten sich hier an: im *Ukrainian (140 Second Av., E),* wo es ukrainische Spezialitäten gibt, oder bei *Veselka (144 Second Av., E)*, das durch seinen 24-Stunden-Service ein Lieblingsort für Nachtschwärmer ist. *Subway: Second Av., F*

▣ TENEMENT MUSEUM [129 E2]

Insider Tipp

In diesem Museum erfahren Sie mehr über die Lebensumstände der armen New Yorker im 19. Jh. *Tgl. 11–17 Uhr | 90 Orchard St. | Eintritt $ 20 | Anmeldung nötig 1212-431-0233 | www.tenement.org | Subway: Delancey St., F*

▣ WASHINGTON SQUARE [132–133 C–D5]

Der Platz mit dem Washington Arch, einem Triumphbogen zur Erinnerung an die 100. Jahrestag der Regierungsübernahme des ersten US-Präsidenten George Washington, war einst Friedhof und Richtstätte. Heute ist er voller Leben. Straßenmusiker, spielende Kinder, Jogger und Studenten der New York University reißen sich um eines der wenigen Fleckchen Grün in Downtown. *Subway: W 4 St., A–F*

MIDTOWN

> In Midtown hetzen die Menschen zwischen den Hochhäusern die Straßen entlang. Schönheiten wie das Art-déco-Gebäude des Chrysler Building und die renovierte Grand Central Station finden kaum Beachtung, denn hier wird gearbeitet. Nehmen Sie sich Zeit für

prächtige Wolkenkratzer, elegante Gebäude mit Luxuswohnungen, bemerkenswerte Museen – und beobachten Sie die New Yorker im Wissen, es nicht so eilig wie sie zu haben. Am Abend werden Musicals, Jazzkonzerte oder rauschende Opern im Theater District und im Lincoln Center geboten.

bäude selbst hat diverse Preise gewonnen, u. a. wurde es ausgezeichnet als bestes Kulturgebäude der Welt. *Di–Do, Sa, So 10.30–17.30, Fr 11–19.30 Uhr | 45 W 53rd St. | zw. 5th und 6th Av. | Eintritt $ 9, Fr ab 17.30 Uhr Eintritt frei | www.folkart museum.org | Subway: Rockefeller Center, B, D, F*

Idealer Platz für eine Pause: Washington Square mit dem monumentalen Triumphbogen

1 AMERICAN FOLK ART MUSEUM ★ [137 E4–5]

Hier finden Sie eine attraktive Sammlung von Volkskunst und Kunsthandwerk. Zu sehen sind unter anderem: Satteldecken indianischer Häuptlinge sowie Quilts, jene kunstvollen, aus Hunderten von Baumwollflicken zusammengesetzten Decken der frühen amerikanischen Siedler, und vieles mehr. Das Ge-

2 CHRYSLER BUILDING [134 A1]

Es ist nach wie vor der unbestrittene Wolkenkratzer-Favorit der New Yorker: das Art-déco-Gebäude von 1930. Auch wenn Sie nicht aufs Dach fahren dürfen – ein Besuch der Lobby mit dem Marmorboden, den Wandmalereien und den 18 Fahrstühlen, deren Türen aus vielerlei Holzarten bestehen, lohnt sich allemal. Der Wolkenkratzer des Architekten Wil-

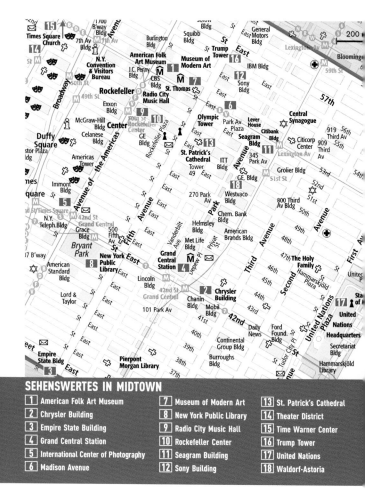

liam van Alen wurde für den Automobilkonzern Chrysler gebaut. Sein Äußeres, ein Inbegriff der Eleganz, spielt auf die chrombefrachteten Autos jener Zeit an: auf Kühlergrill und Kühlerhaube. *405 Lexington Av. | zw. 42nd und 43rd St. | Subway: Grand Central, 4–7*

3 EMPIRE STATE BUILDING ★ ☼ [133 E2]

443 m bis zur Spitze des Blitzableiters, 102 Stockwerke, aus Granitstahl erbaut: Das Empire State Building ist eines der Wahrzeichen New Yorks. Nachts wird es farbig angestrahlt, am Nationalfeiertag, dem 4. Juli, rot-

weiß-blau. Es wurde 1931 nach nur 18 Monaten Bauzeit eingeweiht. Schauen Sie sich auf dem Weg zum *Ticket Office (Eingang: 34th St.)* die Einlegearbeiten aus Marmor und Bronze in der Lobby an. Die Sicht von der Aussichtsplattform *(observatory)* im 86. Stockwerk, zu dem Sie mit Hochgeschwindigkeitsfahrstühlen gelangen, ist ein Erlebnis: Bei gutem Wetter reicht sie 80 km weit. Stellen Sie sich wegen der Sicherheits-Checks auf lange Wartezeiten ein. *Tgl. 8–2 Uhr | 350 Fifth Av./34th St. | Eintritt $ 20, Kombiticket mit Skyride Actionkino $ 47 | www.esbnyc.com | Subway: 34 St.–Herald Sq., B, D, F, N, Q, R*

■ GRAND CENTRAL STATION ⭐ [134 A1]

2,5 Mio. m³ Erde wurden ausgehoben, 25 km Schienen verlegt und 18000 t Stahl verarbeitet, um 1913 den für New York angemessenen Bahnhof zu errichten. Die Halle ist größer als das Kirchenschiff von Notre Dame in Paris, die Fassade mit Beaux-Arts-Elementen geschmückt. Auf die Decke über den bis zu 25 m hohen Fenstern sind 2500 Sterne des Winterhimmels gemalt. Längst laufen hier nur noch Pendlerzüge aus den Vororten ein. Restaurants (🥢 toller Blick von den Emporen von *Metrazur, Michael Jordan's Steakhouse* und *Harry Cipriani*) und Imbissstände (im Untergeschoss) sowie viele Geschäfte füllen die Arkaden. Im *Food Court* (Erdgeschoss) versorgt der Lübecker Metzgermeister Koglin die New Yorker mit Schinken. Neben der Besichtigungstour der *Municipal Art Society (Mi 12.30 Uhr | Treffen an*

Riesig: Empire State Building

der Information E 42nd St., zw. Vanderbilt und Lexington Av. | Tel. 1212-935-3960 | empfohlener Beitrag $ 10 | www.mas.org) gibt es auch die 90-minütige *Tour durch Bahnhof und Nachbarschaft (Fr 12.30 Uhr | Treffen bei Altria, im Skulpturenhof des Whitney Museums, E 42nd St., Ecke Park Av. | Tel. 1212-883-2420 | www. grandcentralpartnership.org).* Subway: Grand Central, 4–7

Insider Tipp

■ INTERNATIONAL CENTER OF PHOTOGRAPHY [137 D6]

Das Renommee einer noch jungen Kunstgattung wird hier mit Ausstellungen anerkannter Fotografen und der Präsentation des begabten Nachwuchses gepflegt. Neben wechselnden Ausstellungen wartet die Sammlung des Hauses mit über 100 000 Fotos auf. Angeschlossen ist ein Buchladen mit großer Auswahl an Fotografiebüchern. *Di–Do, Sa, So 10–18 , Fr 10–20 Uhr | 1133 Av. of the Americas | (43rd St.) | Eintritt $ 12 | www.icp.org | Subway: 42 St., B, D, F*

6 MADISON AVENUE [133 E3–143 D1]

Auch wenn Amerikas Agenturen nicht mehr nur in New York ansässig sind, so ist der Name Madison Avenue noch immer der Inbegriff der Werbeindustrie – und ihre beste Adresse. Ähnliches gilt für die Geschäfte zwischen 44th und 86th Street, wo sich Europas Couturiers und die besseren amerikanischen Modehäuser präsentieren.

7 MUSEUM OF MODERN ART ★ [138 A4–5]

60 000 m² groß ist Manhattans Kunstmekka nach dem Umbau durch den Architekten Yoshio Taniguchi. Das Foyer erstreckt sich über einen ganzen Block von der 53rd bis zur 54th Street. Es bietet einen Blick auf den Skulpturengarten, der wieder die Größe hat, mit der ihn Philip Johnson 1953 geplant hatte. Das Museum gilt vielen als das beste der Welt, weil es einen schlüssigen Überblick über die Kunst des 20. Jhs. bietet – dank Meisterstücken wie „Dance" von Henri Matisse, Vincent Van Goghs „Sternennacht", Frida Kahlos „Self-Portrait with Cropped Hair" und Pablo Picassos „Les Demoiselles d'Avignon". Das Museum besitzt mehr als 100 000 Arbeiten, darunter 3500 Gemälde und Skulpturen, 2200 Designobjekte, 40 000 Drucke, 20 000

Sind wir nicht alle Künstler? Utensilien im Shop des Museum of Modern Art

Fotos und 9000 Kinofilme. Der Querschnitt durch die Epochen Kubismus, Expressionismus, Futurismus, Nachimpressionismus, Konstruktivismus und Surrealismus ist exzellent. Arbeiten der ganz großen Namen Monet, Mondrian, Kandinsky, Klee und Miró finden Sie ebenso wie herausragende aktuelle Ausstellungen. Das Restaurant *The Modern* hat einen exzellenten Ruf, ist allerdings nicht ganz billig. *Sa–Mo, Mi, Do 10.30–17.30, Fr 10.30–20 Uhr | 11 W 53 St. | zw. Fifth und Sixth Av. | Eintritt $ 20, freitags von 16–20 Uhr kein Eintritt | www.moma.org | Subway: 47-50 St., B, D, F*

8 NEW YORK PUBLIC LIBRARY [137 E6]
Steinerne Löwen flankieren den Eingang dieses 1911 erbauten Beaux-Arts-Gebäudes an der Fifth Avenue. Die Bronzetüren in der neoklassizistischen Marmorfassade, der holzgetäfelte Lesesaal (mit Computern und Internetanschlüssen) und wechselnde Ausstellungen lohnen den Besuch. Zu den Kostbarkeiten der Bibliothek gehören ein Entwurf der Unabhängigkeitserklärung von Thomas Jefferson, eine Gutenberg-Bibel und Handschriften von Galileo Galilei. *Mo–Mi 11–19.30, Do, Sa 11–18, So 13–17 Uhr, Führungen Di–Sa 11 u. 14, So 14 Uhr | Fifth Av. | zw. 40th und 42nd St. | www.nypl.org | Subway: 42 St., B, D, F*

9 RADIO CITY MUSIC HALL [137 E5]
Art déco bestimmt den Charakter der 6000 Besucher fassenden Konzerthalle im Rockefeller Center. Bei der Eröffnung 1932 galt sie als größte der Welt. Heute finden hier nicht nur Rockkonzerte sondern auch Filmvorführungen auf einer Riesenleinwand und eine Oster- und Weihnachtsshow mit den Rockettes, dem hauseigenen Ballettensemble, statt. *Besichtigung tgl. 11–15 Uhr | 1260 Av. of the Americas | zw. 50th und 51st St. | Eintritt $ 18,50 | Tickets Tel. 1800/ 745 30 00 | www.radiocity.com | Subway: 47–50 St., B, D, F*

10 ROCKEFELLER CENTER ★ [137 E5]
Der Ölmilliardär John D. Rockefeller Jr. ließ 228 Häuser abreißen, um während der 1930er-Jahre eine „Stadt in der Stadt" zu bauen. Zum Komplex gehören 14 Wolkenkratzer, darunter das 70-stöckige *General Electric (GE) Building*, Plätze, Gärten, die *Radio City Music Hall*, das Auktionshaus *Christie's*, der Fernsehsender *NBC*, Geschäfte. Von der D Bar im 65. Stock des GE Buildings können Sie am 4. Juli das Feuerwerk sehen. Darüber liegt die Aussichtsterrasse *Top of the Rock*.

Im Herzen des Centers liegt die berühmte Eisfläche, auf der im Sommer ein Café Platz findet. Im Dezember wird hier der größte Weihnachtsbaum New Yorks, eine 20 m hohe Tanne, feierlich illuminiert. Das Aufstellen des Baums ist ein beeindruckendes Spektakel *(Ende November im Web checken!)*, das Sie nicht verpassen sollten. Im Untergeschoss befindet sich das kleine *Rockefeller Center Museum* mit Plänen, Modellen und alten Fotos. Pläne für einen Rundgang durchs Rockefeller Center gibt es gratis in der Lobby. *30 Rockefeller Plaza | zw. 49th und 50th St. | www.rockefellercenter.com | Subway: 47–50 St., B, D, F*

11 SEAGRAM BUILDING [138 A–B5]

Das schwarzmetallene Gebäude mit bronzefarbenen Fenstern von 1958 ist der einzige Mies-van-der-Rohe-Bau in New York, ein Dokument des in den USA geprägten International Style. Das zeitgenössische Interieur des im Haus befindlichen Restaurants *Four Seasons* steht unter Denkmalschutz. *375 Park Av. | zw. 52nd und 53rd St. | Subway: 51 St., 6*

12 SONY BUILDING [138 A4]

Von Philip Johnson, dem Lokalmatador der New Yorker Architekten, einst als Zentrale des Telefonkonzerns AT&T aus rosafarbenem Granit erbaut, gehört das Gebäude heute dem Konzern Sony. Das postmoderne Element, ein halbkreisförmiger Einschnitt im schrägen Dach, sorgte für den Spitznamen „Chippendale" (benannt nach dem Möbelstil). Die Lobby ist ein Paradies für Elektronikliebhaber: Bei *Sony Style* gibt es technische Neuheiten zu kaufen. Im *Sony Wonder Technology Lab* wird auf vier Stockwerken die Geschichte der technischen Kommunikation erzählt. *Di–Sa 10–17, So 12–17 Uhr | 560 Madison Av. | zw. 55th und 56th St. | Eintritt frei | http://wondertechlab. sony.com | Subway: Fifth Av., N, R*

13 ST. PATRICK'S CATHEDRAL [137 F5]

Das neugotische Gotteshaus aus Stein und Marmor, 1879 dem Schutzheiligen der Iren geweiht, ist Sitz der Erzdiözese New York und die elftgrößte Kirche der Welt mit Platz für 2500 Gläubige. Zu jeder Tageszeit entgehen Sie hier dem Trubel der Fifth Avenue. *Fifth Av./50th St. | Subway: 47–50 St., B, D, F*

14 THEATER DISTRICT [137 D–E5]

Am Tag zeigt die Gegend nördlich vom Times Square neues Leben (z.B. im *Disney Store, 42nd St./Seventh Av.*). Abends blinken die Neonreklamen, Besucher strömen in die Theater. Nach den Shows machen sich die Massen auf in die „Restaurant Row", die 46th Street zwischen Eighth und Ninth Avenue. An Silvester ist der Times Square Mittelpunkt der Stadt: Hunderttausende New Yorker treffen sich dort, um das neue Jahr zu begrüßen. *Subway: 42 St./Times Square, N, R, S, 1–3, 7*

15 TIME WARNER CENTER [137 D–E3]

229 m hoch sind die Zwillingstürme, deren Bau im Jahr 2000 begonnen hatte. Der Konzern Time Warner hat sein Hauptquartier in dieser 260 000-m²-Luxusstadt in der Stadt, die die Architekten Mustafa Abadan und David Childs geschaffen haben. Darin: das *Hotel Mandarin Oriental*, Topwohnungen, ein Penthouse für $ 45 Mio., edle Geschäfte, die Jazz-Konzerthallen des Lincoln Centers und *Per Se*, das gefragteste Restaurant der Stadt (S. 60). *10 Columbus Circle | Subway: 59 St.–Columbus Circle, A–D, 1*

16 TRUMP TOWER [138 A4]

Ein Denkmal, das New Yorks skandalumwitterter Baulöwe Donald Trump sich 1983 selbst gesetzt hat. Sein Imperium gerät zwar immer wieder in Turbulenzen, doch der über 200 m hohe, 68-stöckige Wohnturm mit seinem aufsehen erregenden fünfstöckigen Foyer aus orangefarbenem Marmor, mit Bronzeornamenten, goldenen Rolltreppen und Wasserfall steht elegant wie immer. Auf allen fünf Etagen residieren Geschäfte der teuersten Kategorie. *725 Fifth Av. | zw. 56th und 57th St. | Subway: Fifth Av., N, R*

☑ UNITED NATIONS [134 B–C1]

Der aus vier Gebäuden bestehende Wolkenkratzerkomplex, errichtet in den Jahren 1949 bis 1953, ist Sitz der Vereinten Nationen und Zentrale für UN-Organisationen wie die Unesco. Eine Tour führt Besucher durch die Ausstellungen in der Eingangshalle mit Kunst aus aller Welt sowie den Raum, in dem einmal im Jahr die Vollversammlung tagt. *Touren Mo– Fr 9.45–16.45 | United Nations Plaza, First Av. (46th St.) | Eintritt $ 16 | deutschsprachige Touren unter Tel. 1212-963-8687 | www.un.org/tours | Subway: 51 St., 6*

☑ WALDORF-ASTORIA [137 F5]

Über einen ganzen Block erstreckt sich das Luxushotel der 1930er-Jahre, das viele Art-déco-Elemente aufweist. Die wohlhabenden Gäste in den 1380 Zimmern hatten früher auf Spezialgleisen direkten Bahnanschluss. Vom Glanz der großen Welt ist allerdings nur noch etwas in den Ballsälen des Hotels zu spüren. *301 Park Av. | zw. 49th und 50th St. | www.waldorfastoria.com | Subway: 51 St., 6*

UPTOWN & CENTRAL PARK

> **Uptown stand immer für die eleganten und gebildeten New Yorker – für die, die es geschafft haben.** Das ist sicher vereinfacht und auch zunehmend

Ruhige Oase im Shoppingtrubel der Fifth Avenue: St. Patrick's Cathedral

nicht mehr richtig, denn die Erfolgreichen ziehen jetzt nicht selten gen Süden nach TriBeCa in ein Riesenloft. Aber die Upper East und Upper West Side sind immer noch ein spannendes Ausflugsziel, da die Architektur beeindruckt, viele der großen Museen dort liegen und Sie einen Eindruck vom Alltag wohlhabender Familien erhalten. Da schiebt das Kindermädchen, die *nanny*, das Kind spazieren, während Mutter und Vater fleißig irgendwo Karriere machen.

Der Bereich zwischen Hudson und Central Park nennt sich *Upper West Side*. Zahlungskräftige junge Leute und Familien bevölkern dieses Wohnviertel. Vornehmlich auf der Columbus Avenue reiht sich eine Boutique an die andere, die Amsterdam Avenue ist eine lebendige Restaurantmeile. Am Broadway finden Sie Gourmetgeschäfte wie *Zabar's*. Kulturelle Magneten sind das Lincoln Center mit der Metropolitan Opera und das Museum of Natural History.

Die *Upper East Side* ist traditionell noch reicher. Das Viertel zwischen Central Park und East River hat seinen am Ende des 19. Jhs. entstandenen Charakter weitgehend bewahrt. Hier liegen das renommierte Metropolitan Museum und das Guggenheim Museum sowie teure Boutiquen und etliche noble Hotels.

1 AMERICAN MUSEUM OF NATURAL HISTORY ★ [140 C6]

Das Naturgeschichtemuseum am Central Park beherbergt 36 Mio. Objekte, darunter ein mehr als 30 m langes Blauwalskelett, den größten Saphir (563 Karat), den größten Meteoriten und die umfassendste Sammlung von Dinosaurierskeletten (4. Stock). Der 3. Stock gibt einen Einblick in die Lebensgewohnheiten der Ureinwohner des Kontinents. Das Thema der *Hall of Biodiversity* ist die Entstehung unterschiedlicher Organismen, *Habitats of the World* stellt neun Ökosysteme vor. In den unteren zwei Etagen

Begegnungen mit Dinosauriern im American Museum of Natural History

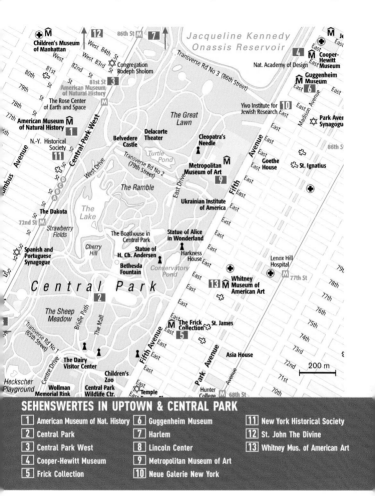

SEHENSWERTES IN UPTOWN & CENTRAL PARK

1. American Museum of Nat. History
2. Central Park
3. Central Park West
4. Cooper-Hewitt Museum
5. Frick Collection
6. Guggenheim Museum
7. Harlem
8. Lincoln Center
9. Metropolitan Museum of Art
10. Neue Galerie New York
11. New York Historical Society
12. St. John The Divine
13. Whitney Mus. of American Art

gibt es Szenen aus verschiedenen Kulturen und das Imax-Kino mit der größten Leinwand New Yorks.

Ein Muss ist der rasante, computergesteuerte Raumflug durch die Weiten des Alls im *Rose Center for Earth and Space*: Die 23-minütige Reise durch die Milchstraße bis in ein Schwarzes Loch wird von Schauspieler Robert Redford kommentiert. Im *Big Bang Theater* beobachten Sie durch einen Fußboden aus Glas den Sonnenaufgang im All, und im *Hayden Planetarium* läuft *Sonicvision (Fr, Sa, 19.30 u. 20.30 | Eintritt $ 15)*, eine digitale Musikshow in Koopera-

Insider Tipp

tion mit MTV2 und dem Musiker Moby. *Tgl. 10–17.45 Uhr | Central Park West/79th St. | Eintritt freiwillige Spende $ 16, Kombiticket mit Sonderausstellung oder IMAX-Film $ 24 | www.amnh.org | Subway: 81 St., B, C*

2 CENTRAL PARK ★ [137 E3–142 B2]
Die Planungsphase unter Frederick Law Olmsted nahm zwei Jahrzehnte in Anspruch. 1873 war der Park fertig. Fast doppelt so groß wie das Fürstentum Monaco, erstreckt er sich über 340 ha von der 59th bis zur 110th Street. New Yorker nutzen ihn vom frühen Morgen bis zur Dunkelheit: Sie joggen um das Reservoir und rudern auf dem Lake *(ab $ 12, $ 20 Kaution in bar)*, mieten sich Fahrräder *(The Boathouse | Nähe E 72nd St. | Kosten $ 9–15/Std., Kreditkarte oder Pass als Kaution)* oder Inlineskates *(Wollman Rink | im Osten des Parks, zw. 62nd und 63rd St. | Kosten $ 15/ Tag, Kaution in bar $ 100)*, laufen im Winter Schlittschuh im *Wollman Rink (Eintritt $ 10–14, Schuhmiete $ 6)*, gehen in den *Central Park Zoo* oder treffen sich im *Boathouse Café*. Im Sommer ist der Park Schauplatz kostenloser Konzerte von Klassik bis Rock. Ebenfalls gratis, obwohl Sie ein Ticket holen müssen: *Shakespeare in the Park (Tel. 1212-539-8750 | www.publictheater.org)*. Romantisch ist ein Freiluftdinner im Restaurant *Park View at the Boathouse (Loeb Boathouse | April–Okt. | Tel. 1212-517-2233 | €€)*. *| www.centralpark.com | Subway: 59 St.–Columbus Circle, 1, A–D, 72 St., B, C und Busse*

Eine Stadt im Spiegel: *The Lake* im Central Park

3 CENTRAL PARK

WEST [137 E3–141 E2]

1884 mussten sich geschäftstüchtige Bauherren etwas einfallen lassen, um die Mieter von der Fifth Avenue in den damals noch gar nicht so vornehmen Westen zu locken. Also wurden die Innenräume der Apartments in riesigen Ausmaßen angelegt und gestaltet und das entsprechende Dienstpersonal gleich bereitgestellt.

Es entstanden neben dem *Dakota* an der Nordseite der 72nd Street – dem Gebäude, vor dem der Beatles-Sänger und -Gitarrist John Lennon 1980 von einem geistig verwirrten Fan erschossen wurde – außerdem das *Beresford (81st St.)*, das *San Remo (74th/75th St.)* und das *Hotel Des Artistes (1 W 67th St.)*. *Subway: 72 St., B, C*

4 COOPER-HEWITT

MUSEUM [142 A–B5]

In dem 1901 erbauten 64-Zimmer-*townhouse* des Industriellen Andrew Carnegie finden Sie eine sehenswerte Sammlung von Textilien, Möbeln, Glas, Keramik und Metallornamenten: New Yorks Fachmuseum für Gestaltung und Dekor. ▶▶ Im Sommer legen hier DJs auf – Amateure ebenso wie Szenestars *(Juli, Aug. Fr 18–21 Uhr | Tel. 1212-849-8349)*. Die Sammlung wird nur in Teilen gezeigt. Wechselnde Ausstellungen zum Thema Design.*Mo–Fr 10–17, Sa 10–18, So 12–18 Uhr | 2 E 91 St. | (Fifth Av.) | Eintritt $ 10 | www.cooperhewitt.org | Subway: 86 St., 4–6*

Insider Tipp

5 FRICK COLLECTION [138 B2]

Im Beaux-Arts-Palast des Industriellen Henry Clay Frick finden Sie eine kleine Sammlung, die aufschlussreiche Einblicke in die Kunstbesessenheit reicher Amerikaner gibt: Gemälde von Rembrandt, Holbein, Vermeer, Fragonard und Renoir sowie Möbel u. a. aus den Epochen Louis XV. und Louis XVI. Schon das Gebäude, das 1935 Museum wurde, und der beschauliche Garten sind einen Besuch wert. Wechselnde Ausstellungen. *Di–Sa 10–18, So 11–17 Uhr | 1 E 70th St. | (Fifth Av.) | Eintritt $ 18 inkl. Audiotour, So 11–13 Uhr freiwillige Spende | www.frick.org | Subway: 68 St., 6*

6 GUGGENHEIM

MUSEUM ★ [142 A5–6]

Der eigenwillige Bau des amerikanischen Meisterarchitekten Frank Lloyd Wright, von Kritikern auch schon mal als „Untertasse aus Beton" bezeichnet, ist eines der vielen berühmten Gebäude der Stadt. Entlang der 400 m langen Rampe, die sich innen spiralförmig vom Erdgeschoss bis in den 4. Stock zieht, finden wechselnde Ausstellungen moderner Kunst statt – von Mondrian über Brancusi bis Matthew Barney. Eine Dauerausstellung ist der Sammlung des Kupferbarons Solomon Guggenheim gewidmet, mit Arbeiten von van Gogh, Monet, Degas und Picasso als Schwerpunkten. Der Shop hat prachtvolle Kunstbücher in seinen Regalen stehen. *So–Mi 10–17.45, Fr 10–17.45, Sa 10–19.45 Uhr | 1071 Fifth Av. | zw. 88th u. 89th St. | Eintritt $ 18, Sa 18–20 Uhr freiwillige Spen-* *de | www.guggenheim.org | Subway: 86 St., 4–6*

7 HARLEM   [142–143 C–E 1–2]
1658 gründeten Holländer die Siedlung Nieuw Haarlem. Später bauten Sklaven eine Straße nach New York, den Broadway, und viele blieben. In den 1920er- und 1930er-Jahren wurde Harlem zur Keimzelle schwarzer Kreativität. Es war schick, im *Sugar Cane* oder *Cotton Club* Jazzmusiker wie Duke Ellington und Count Basie zu hören *(heute im Cotton Club: Sa, So Gospel Brunch | 656 W 125th st . | Tel. 1212-663-7980 | www.cotton club-newyork.com).* Harlem gilt längst nicht mehr als gefährlich. Auf

> BLOGS & PODCASTS
Gute Tagebücher und Files im Internet

> *http://timeoutnewyork.com/blog* – Das Stadtmagazin *Time Out* mit allem, was das Herz begehrt: Tipps zum Shoppen, für Ausstellungen und abendliche Veranstaltungen wie Lesungen, Konzerte und Theater.

> *www.villagevoice.com* – Die *Village Voice* ist immer noch die Postille der hippen, politischen New Yorker. In den Blogs der Wochenzeitung gibt es Amüsantes und Nachdenkliches sowie Tipps für Insider.

> *www.dailycandy.com* – Mode, Beauty, Kultur und Food sind die Themen von Daily Candy. Die täglichen Email-News gibt es für diverse Städte in Amerika. Auf der Website vor dem Urlaub auf New York klicken, anmelden und einlesen.

> *www.nyc.gov/html/film/html/ news/podcast_main.shtml* – „Made in New York" heißen die Walking Tours zu Filmsets in der Stadt, gelesen von bekannten Schauspielern.

> *www.newyorkminuteshow.com* – Die Video-Podcasts ermöglichen eine Tour durch Chelsea, das Erleben eines Schneesturms über Manhattan oder einen Spaziergang entlang der Fifth Avenue.

> *http://the bowerybosy.blogspot. com* – Podcasts von zwei Historikern über New York und seine Geschichte..

> *www.nytimes.com/ref/multimedia/ podcasts.html#introduction* – Diverse interessante Podcasts der *New York Times* über Restaurants, Theater, Filme, Popmusik u.a.

Für den Inhalt der Blogs & Podcasts übernimmt die MARCO POLO Redaktion keine Verantwortung.

der 125th Street können Sie wunderbar in kleinen Geschäften stöbern, und vielleicht treffen Sie Bill Clinton, der hier sein Büro hat. Touren in die Wohnviertel mit den einzigartigen Holzhäusern: *Harlem Spirituals (Tel. 1212-391-0900)* oder *Harlem Your Way! (Tel. 1212-690-1687). Subway 125 St., 2, 3, A–D*

ren *Okt.–Juni, Mo–Fr 15.30 Uhr, So 10.30 u. 13.30 Uhr | Eintritt $ 16 | Tel. 1212-769-7020)* ist ein riesiger Wandteppich von Marc Chagall zu bewundern. Ausgelagert ins Time Warner Center hat der Jazz in der *Frederick P. Rose Hall (Broadway/ 60th St.* [137 E3] *| www.jalc.org)* ein gefeiertes Zuhause bekommen. *Zw. W*

Spirale der Kunst: Ausstellung im eigenwillig gestalteten Guggenheim Museum

8 LINCOLN CENTER ★ [137 D–E2]
Das kulturelle Herz New Yorks ist groß: Es erstreckt sich über acht Blocks und bietet in sieben Konzerthallen und Theatern bis zu 15 000 Zuschauern gleichzeitig Platz. Zentrum: die Plaza, im Sommer Schauplatz zahlreicher Veranstaltungen unter freiem Himmel. Die Lobbys der theater sind frei zugänglich. Im *Metropolitan Opera House (Backstagetou-* *62nd u. 65th St. u. Columbus u. Amsterdam Av. | www.lincolncenter. org | Subway: 66 St., 1*

9 METROPOLITAN MUSEUM OF ART ★ [141 E6]
Die imposante graue Sandsteinfassade des 1870 gegründeten Museums wurde 1902 von Richard Morris Hunt entworfen. ▶▶ Die riesige Freitreppe davor ist einer der pulsierenden Plätze

der Stadt. Vom Originalbau ist nicht mehr viel zu sehen. An allen Ecken wächst das berühmteste Museum New Yorks mit seinen Erweiterungsbauten in den benachbarten Central Park. Nur ein Viertel der 3,2 Mio. Objekte der Sammlung kann auf den 16 ha Ausstellungsfläche über

bauten Tempel von Dendur, der einst von Kaiser Augustus in Auftrag gegeben worden war. Der *American Wing* um den Engelhard Court herum stellt Fenster, Lampen und Silber von Louis Comfort Tiffany aus. Außerdem sind 20 Wohnräume aus verschiedenen Epochen zu sehen. Darun

Berühmt für seine Sammlungen: das Metropolitan Museum of Art

haupt gezeigt werden. Wechselnde aktuelle Ausstellungen mit dem Lebenswerk von Künstlern oder ganzen Epochen engen die Möglichkeiten weiter ein.

Der ständigen Ausstellung sollten Sie wenigstens zwei zweistündige Besuche widmen. Der erste umfasst den ägyptischen Flügel (im Erdgeschoss rechts) mit dem vor dem Wasser des Assuan-Staudamms geretteten und komplett wieder aufge

ter befindet sich ein von Frank Lloyd Wright konzipierter – der Meisterarchitekt wollte seinen Kunden auch noch die zum Design passende Kleidung vorschreiben – und einer, der den letzten Geburtstag George Washingtons zum Thema hat.

Ein zweiter Besuch sollte Sie durch die Sammlung Primitiver Kunst im *Michael C. Rockefeller Wing* und die Präsentation moderner amerikanischer Kunst im *Sculpture*

Garden auf dem Dach führen. Der von April bis Oktober geöffnete ✹ Dachgarten ist nicht allein wegen der zeitgenössischen Kunstwerke, sondern auch aufgrund des tollen Ausblicks auf den Central Park und die Skyline von Midtown Manhattan ein Erlebnis. Im Sommer ist hier freitags bis Sonnenuntergang eine Bar .

Darüber hinaus bietet das Museum römische und griechische Kunst, europäische Malerei des 13. Jhs., fernöstliche und islamische Kunst sowie Abteilungen für Musikinstrumente, Waffen, Zeichnungen, Drucke, Fotografien und Mode mit 40000 Kleidern aus fünf Jahrhunderten und allen Kontinenten. September bis Mai freitags und samstags ab 17 Uhr Kammermusik zu Drinks auf der Empore. *Di–Do, So 9.30–17.30, Fr; Sa 9.30–21 Uhr | Fifth Av./82nd St. | Eintritt $ 20 (erbetener Betrag) | www.metmuseum.org | Subway: 86 St., 4–6*

🔟 NEUE GALERIE NEW YORK [142 A6]
Hier ist deutsche und österreichische Kunst, die in den USA in der modernen Architektur und Formgebung wichtige Impulse gesetzt hat, zu finden. Zu den Exponaten gehören Werke von Gustav Klimt, Egon Schiele und Josef Hoffman ebenso wie die der Künstler der Brücke, des Blauen Reiters und des Bauhauses. Im angegliederten *Café Sabarsky* gibt's Frühstück, Mittagessen und Jause in bester Tradition Wiener Kaffeehäuser, und manchmal auch ein *cabaret dinner. Sa–Mo, Do, Fr 11–18 Uhr | 1048 Fifth Av. (86th St.) | Eintritt $ 15 | www.neuegalerie.org | Subway: 86 St., 4–6*

1️⃣1️⃣ NEW YORK HISTORICAL SOCIETY [140 C6]
Das älteste Museum der Sadt (von 1804) zeigt u.a. 500000 Fotos von 1850 bis heute, eine Vielzahl von Alltagsgegenständen, Zeitungen, Briefe und eine beeindruckende Sammlung von Glaslampen von Louis C. Tiffany. *Di–Do u. Sa 10–18, Fr 10–20, So 11–17.45 Uhr | 170 Central Park West | Eintritt $ 12 | www.nyhistory.org | Subway: 81 St., B, C*

1️⃣2️⃣ ST. JOHN THE DIVINE [141 E1]
Wie bei vielen New Yorker Gebäuden ist der Stil einer der größten Kathedralen der Welt ein grenzenloser Mischmasch. Der Bau wurde 1892 mit byzantinischen und romanischen Anspielungen begonnen und 1911 im neugotischen Stil fortgesetzt. Das Vorhaben soll im 21. Jh. vollendet werden. Abends finden Dichterlesungen und Konzerte statt und Ende Oktober eine der abgedrehtesten Halloweenfeiern (19 und 22 Uhr | Eintritt $ 8–15) New Yorks. Jeden ersten Sonntag im Oktober können Sie die Segnung der Tiere erleben. Fast 5000 Menschen kommen dann mit ihren Haustieren, und es kann durchaus sein, dass der Zoo auch mal ein Kamel schickt. *Führungen Di–Sa 11 und 13, So 14 Uhr | Amsterdam Av./112th St. | Eintritt $ 5 | Tickets 1212-662-2133 | www.stjohndivine.org | Subway: 110 St., 1*

1️⃣3️⃣ WHITNEY MUSEUM OF AMERICAN ART [138 C2]
Minimalistischer Granitkasten aus den 1960er-Jahren, von Bauhaus-Schüler Marcel Breuer in Form einer

umgekehrten Pyramide erbaut. Das Whitney Museum, das sich in zwei Stunden gut erobern lässt, widmet seine vier Etagen der amerikanischen Kunst des 20. Jhs. Zur Sammlung gehören exzellente Bilder von Georgia O'Keefe, Edward Hopper, Roy Lichtenstein, Andy Warhol und Jasper Johns sowie Werke von Alexander Calder, die leider nicht immer zu sehen sind. Alle zwei Jahre im Mai

wird hier die *Whitney Biennale of American Art* ausgerichtet – eine aufschlussreiche Standortbestimmung des aktuellen Kunstschaffens.

Im Erdgeschoss finden Sie einen Laden mit Kunstbüchern und Ausstellungskatalogen. *Mi, Do, Sa, So 11–18, Fr 13–21 Uhr | 945 Madison Av. | (75th St.) | Eintritt $ 18, Fr 18–21 Uhr freiwillige Spende | www.whitney.org | Subway: 77 St., 6*

IN ANDEREN VIERTELN

BROOKLYN HEIGHTS [129 D–E6]

In der schönsten Wohngegend Brooklyns fühlt man sich beinah ins 19. Jh. zurückversetzt. Sie liegt am anderen Ende der Brooklyn Bridge und ist ein Viertel mit gut erhaltenen *brownstones*, den mehrstöckigen früheren Einfamilienhäusern aus Sandstein, die zum Teil unter Denkmalschutz stehen. Die Pierrepoint Street führt auf die Brooklyn Heights Promenade, von der aus Sie einen wunderbaren Blick auf Manhattan haben. *Subway: Clark St.,2, 3*

CARROLL GARDENS [144 C4]

Junge Familien, hippe Pärchen und Singles mit dem nötigen Kleingeld

> ZUSCHAUERSPORT

Yankees, Knicks und Jets – New York liebt den Thrill

New Yorker lieben Sportveranstaltungen – ob beim Bier mit dem Blick auf den Fernseher in einer Kneipe oder live im Stadion. Die *New York Yankees (Yankee Stadium | Bronx* [145 D1] *| Tickets über Ticket Master: Tel. 1800/ 745 30 00 | www.yankee.com)* und die *New York Mets (Shea Stadium | Queens* [145 E3] *| Tickets: Tel. 1718-507-8499 | www.newyorkmets.com)* schlagen die Bälle von April bis September in der Hoffnung auf einen *homerun.* Basketballfans können die *New York Knicks (Tickets über Ticket Master: Tel. 1800/ 745 30 00 | www.nba.com/knicks)* von Oktober bis April im Madison Square Garden* [133 D1] sehen. Und im Giants

stadium [144 B2] rammen sich die gepolsterten Footballspieler der *New York Jets* und *New York Giants (Sept.–Dez. | Meadowlands | New Jersey | www.newyorkjets.com | www.giants.com)* gegenseitig die Schultern in die muskelbepackten Leiber. Bei den *U.S. Open Tennis Championships (Aug./Sept. | Tickets: Tel. 1718-760-6200 | www.usopen.org)* im Flushing Meadows Park [145 E3] geht es dagegen eleganter zu, während bei den *Pferderennen im Belmont Park (2. Samstag im Juni | Belmont Stakes | Belmont Park Race Track | Long Island* [145 F3] *| www.nyra.com)* statt Bällen die Wetten in die Höhe gehen.

Ein Trip nach Brooklyn Heights ist zugleich eine Zeitreise ins 19. Jahrhundert

sind in den letzten Jahren gerne von Manhattan in die *brownstones* von Carroll Gardens und Park Slope gezogen. Autoren wie Jonathan Lethem schrieben Bücher über das alte italienische Viertel, das früher von Afroamerikanern und Puerto Ricanern bewohnt wurde. Aus dem heruntergekommenen Teil Brooklyns ist eine attraktive Gegend mit reizvollen Restaurants, entzückenden Designerläden und kleinen Cafés geworden. *Subway: Carroll St., F, G*

CONEY ISLAND [144–145 C–D5]

Ein Strand, an den Sie mit der U-Bahn fahren können, und gleichzeitig ein Vergnügungspark mit einem denkmalgeschützten Riesenrad. Auf Coney Island sollen bei Nathan's die *hot dogs* erfunden worden sein. Am Wochenende tummeln sich hier eine halbe Million Menschen. Gleich daneben liegt das muschelförmige New

York Aquarium (S. 98) mit Haifischbecken. *Surf Av. | Brooklyn | Subway: Coney Island, Brighton Beach, D, F, Q*

D.U.M.B.O. [129 E–F6] Insider Tipp

Das Kürzel steht für *D*own *U*nder the *M*anhattan *B*ridge *O*verpass. Eine Gegend, die sich rasant verändert hat: Fabrikhallen sind nun zu Apartments mit Traumblick auf Manhattan geworden; am East River entsteht mit dem *Brooklyn Bridge Park* der längste Park New Yorks mit Zugang zum Wasser. Freiluftkino, Theater, Galerien *(www.dumboartscenter.org)*, hier gibt es angesagte Kneipen wie *Superfine (So Brunch mit Musik | 126 Front St.| Tel. 1718-243-9005 | Subway: York St., F)*. Leckere Eiscreme mit New Yorks bester Aussicht bekommen Sie bei *Brooklyn Icecream Factory (Fulton Ferry Landing). Subway: High Street, A, C oder Watertaxi (www.nywatertaxi.com)*

RED HOOK [144 C4]

Das Viertel direkt am Wasser ist eine der letzten *final frontiers* New Yorks. Die Brooklyner Arbeitersiedlung ist verewigt im Filmklassiker „Die Faust im Nacken", für den Marlon Brando 1955 einen Oscar bekam. Dann entdeckten Künstler auf der Suche nach günstigen Mieten das Viertel, jetzt kommen die Spekulanten – Start des typischen Wandels der

Brunt St.| Tel. 1718-222-0345 | €) oder – wenn's herzhafter sein soll – *steak & eggs* bei *The Good Fork* (391 Van Brunt St. | Tel. 1718-643-6636 | www.goodfork.com | €–€€). Subway: Jay St., A, C, F, dann Bus B61 bis zur Endstation

Insider Tipp

WILLIAMSBURG [131 D–F 3-4]

Die dritte Inkarnation dieses Stückchens Brooklyn: früher Sommerfri-

Im Brooklyner Viertel Williamsburg leben orthodoxe Juden, Intelektuelle und Künstler

Stadt. Ausflüge lohnen vor allem an Wochenenden im Sommer und im Oktober, wenn die *Brooklyn Waterfront Artist Coalition* (www.bwac. org) am Ende der Van Brunt Street zur Ausstellung lädt. Probieren Sie auf dem Rückweg unbedingt den *chocolate cake* bei *Baked* (359 Van

Insider Tipp

sche für die Whitneys und Vanderbilts, danach Fabriklandschaft und jetzt angesagtes Viertel für Künstler und Intellektuelle, die neben 30000 Juden wohnen.

In der Nähe von Metropolitan Avenue und Grand Street finden sich diverse Restaurants und Galerien mit skurrilen Namen wie *Momenta Art* und *Fish Tank* sowie kleine Buch- und Plattenhändler mit ausgefallenem Sortiment. Die vibrierendste Straße ist die Bedford Avenue mit vielen kleinen Läden, Cafés und Galerien. Hipsterville: jung, entspannt und *shabby chic. Subway: Marcy Av., J, Bedford Av., L*

AUSSERHALB

BROOKLYN MUSEUM [144 C4]

Die siebtgrößte Kunstsammlung der USA mit mehr als 2 Mio. Objekten findet sich in einem Gebäude des New Yorker Architektenteams McKim, Mead & White von 1897. Lohnend sind vor allem die ägyptische (3. Stock) und die präkolumbianische Sammlung (1. Stock). In den *Period Rooms* (4. Stock) sind mehr als 20 Wohn- und Esszimmer aus New-England-Häusern von 1675 bis 1830 zu sehen. Die amerikanische Sammlung (5. Stock) gibt einen Überblick über die US-Kunst, die *Iris and Gerald Cantor Gallery* zeigt 58 Skulpturen von Rodin und der *Sculpture Garden* hinter dem Museum Architekturdetails, die im 20. Jh. in New York Abrissopfer wurden.

Kontroverse Präsentationen zeitgenössischer Kunst haben das Museum in letzter Zeit ins Bewusstsein gerückt. Jeden ersten Samstag im Monat können Sie bis 23 Uhr an einem wechselnden Gratis-Programm teilnehmen: Die Themenbreite reicht von Unterricht in Swingtanz oder Porträtmalerei bis hin zu Kinovorführungen, World-Music-Konzerten und Hip-Hop-DJ-Sets. *Mi–Fr 10–17, Sa, So 11–18 Uhr | 200 Eastern Parkway | Brooklyn | Eintritt $ 10 | www.brooklynmuseum.org | Subway: Eastern Parkway, 2, 3*

THE CLOISTERS [145 D1]

Inmitten des Fort Tryon Parks, mit Blick auf das gegenüberliegende, zu New Jersey gehörende bewaldete Steilufer des Hudson und die George Washington Bridge, liegt dieser 1934 bis 1938 erbaute Komplex, in den Teile von vier französischen und spanischen Klöstern integriert wurden. The Cloisters beherbergt die Sammlung mittelalterlicher Kunst des Metropolitan Museums. *Di–So 9.30–16.45, März–Okt. bis 17.15 Uhr | Fort Tryon Park | Eintritt freiwillige Spende $ 20, inkl. Eintritt ins Museum am selben Tag | www.metmuseum.org | Subway: 190 St., A; Bus: M 4, Cloisters/Fort Tryon Park, Einstieg Madison Av., zw. 32nd und 110th St.*

P. S. 1 CONTEMPORARY ART CENTER ☙ [145 D3]

Innovative Kuratoren sorgen für lebendige Kultur in den Räumen dieser ehemaligen Grundschule. Nicht entgehen lassen sollten Sie sich den Blick vom Dach auf Manhattan. Kurz vorm Sonnenuntergang sollten Sie außerdem in James Turrells Raum auf den Holzbänken Platz nehmen und nach oben an die Decke schauen, die nichts anderes ist als – der Himmel. An Sommersamstagen findet im Hof ▶▶ eine der beliebtesten *Insider Tipp* Partys New Yorks statt *(15–21 Uhr). Do–Mo 12–18 Uhr | 22–25 Jackson Av. | (46th Av.), Queens | Eintritt $ 5 | www.ps1.org | Subway: 23 St. (Ely Av.), E*

> HOTDOGS, PIZZA UND DIM SUM

So viele Nationalitäten, so viele Küchen: italienisch, japanisch, kreolisch oder „nouvelle American" – eine kulinarische Weltreise

> Da es New Yorker grundsätzlich eilig haben, finden sie wenig Zeit zum Genießen. Viele kaufen nur ein Sandwich zum Mitnehmen, essen im Stehen oder sogar im Gehen. Abends in der heimischen Küche wird kaum gekocht.

Man wärmt im Mikrowellenherd eine Tiefkühlmahlzeit auf – oder man geht aus. Wer schlicht satt werden will, stillt seinen Hunger bei den Fastfoodanbietern, in chinesischen Lokalen oder beim Pizzabäcker. Sie alle verkaufen über die Straße *(take out* oder *to go)*. Oder er geht in den *coffeeshop*: *coffeeshops* oder *diner* sind eine typisch amerikanische Erscheinung. Sie bieten Kaffee, wenn auch von der dünneren Art, dafür aber *bottomless* – zum Preis einer Tasse wird so lange nachgeschenkt, wie man möchte. Manche bieten noch für unter $ 5 ein komplettes Frühstück an. Mittag- und Abendessen gibt es in den meisten *coffeeshops* den ganzen

Bild: Restaurant WD-50

ESSEN & TRINKEN

Tag, oft sogar rund um die Uhr. Im Gegensatz dazu schließen viele Restaurants, v.a. gehobenere, für einige Zeit zwischen Lunch und Dinner. Fast alle Lokale verfügen über eine Institution, auf die Sie sich einstellen müssen: den *maître de table*. Er teilt die Tische zu, freie Platzwahl ist in den USA selten.

Die Bedienung bekommt ein Trinkgeld *(tip)*, das mehr sein muss als eine anerkennende Geste – es ist Teil ihres Lohns. Der Betrag (Minimum: das Doppelte der *tax*) kommt zu den in der Karte ausgedruckten Preisen ebenso dazu wie die Konsumsteuer, die *tax*, des Staates New York von 8,875 Prozent. Wer nicht passend zahlt, bekommt das volle Wechselgeld zurück, den *tip* lassen Sie dann auf dem Tisch. Wer mit Kreditkarte bezahlt, trägt die Trinkgeldsumme in die dafür vorgesehene Zeile ein.

CAFÉS

Wenn nicht anders angegeben, haben die genannten Restaurants täglich mittags und abends geöffnet. Die üblichen Lunchzeiten sind zwischen 12 und 14 Uhr, die Hauptdinnerzeiten von 19.30 bis 21 Uhr.

Ende Januar und im Sommer lockt die *Restaurant Week*. Da haben Sie die Chance, für einen festen Preis in einigen der besten Restaurants drei Gänge Lunch (*$ 24.07*) oder Dinner (*$ 35*) zu essen; Getränke, *tax* und *tip* kommen hinzu. Welche Restaurants mitmachen, erfahren Sie bei der *NYC Visitor Information (Tel. 1212-484-1222)* oder online *(www.nycvisit. com/restaurantweek)*.

Insider Tipp

■ CAFÉS ■

EMACK & BOLIO'S [140 B6]
Kenner schwören: Hier gibt es definitiv das beste Eis der Ostküste. *Tgl. mind. 13–22 Uhr | 389 Amsterdam Av. | zw. 78th und 79th St. | Subway: 79 St., 1*

CAFÉ KINSKI [129 F2]
Neues Café an der Lower East Side. Auf der Karte finden sich Marillenknödel mit Sahne, Kaiserschmarrn sowie Linzer Torte – Österreich lässt grüßen. Deftiges wird auch geboten. *Tgl. | 128 Rivington St. | Subway: Delancey, F, J, M, Z*

CAFÉ PICK ME UP ▶▶ [133 F6]
Nachmittags köstlichen Pekannusskuchen am Büfett ordern, nachts herzhafte Quiche genießen – und sich dabei von den vorbeilaufenden Trendsettern inspirieren lassen. *Tgl. 7–23.30 Uhr | 145 Av. A | zw. 9th und 10th St. | Subway: First Av., L, Astor Place, 6*

Fast alle Küchen der Welt warten in New York auf Sie

SWEET MELISSA [144 C4]
Ob Himbeer-Cheesecake oder Limonentarte – das Café mit Garten ist den Weg nach Brooklyn auf jeden Fall wert. *So–Do 8–22, Fr, Sa 8–24 Uhr | 276 Court St. | zw. Butler u. Douglass St. | Subway: Bergen St., F, G*

VENIERO'S [133 E6]
Laut und voll und seit 1894 ein süßes Muss. Nach dem Nachtisch und vor dem Gehen an der Theke *dolci* fürs

nächste Frühstück kaufen. *Tgl. 8–24 Uhr | 342 E 11th St. | zw. First und Second Av. | Subway: First Av., L*

■ RESTAURANTS €€€ ■

A VOCE [133 E3]

Modernes Design und feinste neue italienische Küche finden sich am Madison Square Park zu einer verführerischen Mischung zusammen. *So geschl. | 41 Madison Av. | Tel. 1212-545-8555 | www.avocerestaurant.com | Subway: 23 St., 6*

CASA LEVER [137 F5]

1952 war die Glas-Stahl-Konstruktion der Inbegriff des Modernismus. Schauen Sie sich das edle Design bei einem Teller mailändischem Kalbsfleisch an. *Sa nur abends | 390 Park Av., Eingang E 53 St. | Tel. 1212-888-2700 | www.casalever.com | Subway: Lexington Av./53 St., E*

CHURRASCARIA PLATAFORMA ★ [137 D4]

Fleisch, Fleisch, Fleisch – auf dem Spieß perfektioniert. Bloß nicht zu früh an der guten Salatbar satt essen. *Belvedere Hotel: 316 W 49th St. | zw. Eigthh und Ninth Av. | Tel. 1212-245-0505 | http://churrascariaplataforma.com | Subway: 50 St., C*

ELEVEN MADISON [133 E3]

Ein Drei-Gänge-Menü der Spitzenklasse französischer Küche ist hier für $ 88 zu haben. Mittags kostet es nur die Hälfte. Elegant und anspruchsvoll. *Sa nur abends, So geschl. | 11 Madison Av. | Tel. 1212-889-0905 | www.elevenmadisonpark.com | Subway: 23 St., R, 6*

PETER LUGER [121 D4]

Das 120 Jahre alte Steakhouse lockt mit Charme und gigantischen Portio-

MARCO POLO HIGHLIGHTS

★ **Churrascaria Plataforma**
Brasilianisch satt (Seite 59)

★ **Matsugen**
Japanisches vom Meister Jean-Georges Vongerichten (Seite 60)

★ **Bar Pitti**
Italienischer Top-Spot zum Leute gucken (Seite 61)

★ **Buddakan**
In-Laden mit coolem Design und asiatischem Essen (Seite 61)

★ **Pastis**
Französische Leckereien neben Prominenten verspeisen (Seite 63)

★ **Prune**
Tolle Auswahl: neun Variationen Bloody Mary zum Brunch (Seite 63)

★ **Schiller's Liquor Bar**
Die Location ist der Inbegriff der hippen Lower East Side (Seite 65)

★ **Spice Market**
Essen im Meatpacking District: hot - in Sachen Publikum und Karte (Seite 65)

★ **Malatesta**
Italienische Küche zum Genießen – und günstig dazu (Seite 67)

★ **Capsouto Freres**
Soufflee im Sonnenschein (Seite 62)

nen. Keine Kreditkarten. *178 Broadway | zw. Driggs und Bedford St. | Tel. 1718-387-7400 | www.peterluger.com | Subway: Marcy Av., J*

MATSUGEN ⭐ [128 B–C2]

Jean-Georges Vongerichten eröffnet ein neues Restaurant – die *in-crowd* folgt. Die traditionelle japanische Küche ist vom Feinsten, die Kellner die freundlichsten der Stadt. *Ab 17.30 Uhr | 241 Church St./Leonard St. | Tel. 1212-925-0202 | www.jean-georges.com | Subway: Franklin St., 1*

TABLA [133 E3]

Gewürze, vor allem indische, werden in der Küche des Tabla genial eingesetzt – sogar im Lachs-Tartar! Die Bar

bietet Probierhäppchen, jeden Tag gibt es ein 3-Gang-Mittagessen für $ 25. *So nur abends | 11 Madison Av./ 25th St. | Tel. 1212-889-0667 | www.tablany.com | Subway: 14 St.–Union Square, L, N, Q, R, 4–6*

TELEPAN [137 E1] Inside Tip

Die neue amerikanische Küche von Bill Telepan zergeht auf der Zunge – und zerrt etwas am Geldbeutel. *Mo, Di nur abends | 72 W 69th St. | Tel. 1212-580-4300 | www.telepanny.com | Subway: 66 St.-Lincoln Center, 1*

WALLSÉ [132 B4]

Österreichisch-ungarisches, von Chefkoch Kurt Gutenbrunner angerichtet zur neoexpressionistischen Kunst Ju-

❯ GOURMETTEMPEL
Kulinarische Experimente, perfekte Bedienung

LE BERNARDIN [137 E4]

Luxus pur. Dieses Restaurant gilt als eines der besten der USA. Berühmt für wunderbare Meeresfrüchtekreationen und stolze Preise. *Sa nur abends, So geschl. | 155 W 51 St. | Tel. 1212-554-1515 | www.le-bernardin.com | Subway: 50 St., 1 49 St., N, R*

DANIEL [138 B3]

Die Upper-East-Side-Society trifft sich standesgemäß bei Wolfsbarschrouladen im Kartoffelmantel mit Lauch und einer Syrah-Soße. Die erstklassige Weinkarte versteht sich in diesem mit drei Michelin-Sternen ausgezeichneten Restaurant von selbst. Drei Gänge Prix Fixe $ 105. *Mo–Sa nur abends | 60 E 65th St. | zw. Madison und Park Av. | Tel. 1212-288-0033 | www.danielnyc.com | Subway: 66 st., 6*

NOBU [128 B2]

Wer das Menü *Omakase* bestellt, überlässt beim Edeljapaner die Wahl der Speisen Chef Nobu persönlich, ab $ 60, nur mittags. Reservierung: einen Monat im Voraus. Nebenan ohne Reservierung: *Next Door Nobu. 105 Hudson St. (Franklin St.) Tel. 1212-219-0500 | www.noburestaurants.com | Subway: Franklin St., 1*

PER SE [137 E3]

Thomas Kellers Restaurant French Laundry ist zweimal zum besten der Welt gekürt worden. Reservierung im Per Se: zwei Monate im Voraus. Probiermenü: neun Gänge, tgl. wechselnd, $ 275. *Tgl. abends, Fr–So auch mittags | 10 Columbus Circle | (60th St.), 4. Stock | Tel. 1212-823-9335 | www.perseny.com | Subway: 59 St.–Columbus Circle, A–D, 1*

lian Schnabels. *Tgl. ab 17.30 Uhr | 344 W 11th St. | (Washington St.) | Tel., 1212/352-2300 | www.wallseres taurant.com | Subway: Christopher St., 1, 14 St., A, C, E, L*

WD-50 [129 F2]

Starkoch Wylie Dufresne liebt die Experimente der Molekularküche

Sixth Av. | zw. Houston und Bleecker St. | Tel. 1212-982-3300 | Subway: W 4 St., A–F

BRYANT PARK GRILL ▶▶ [137 D–E6]

Im Park hinter der Public Library trifft sich die Modeszene im Sommer unter freiem Himmel – und genießt. *Sa, So Brunch | 25 W 40th St. | zw.*

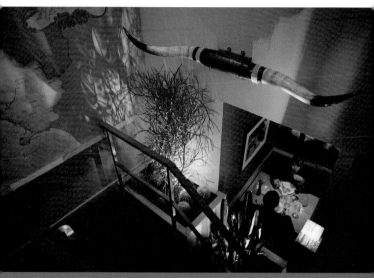

Kulinarik-Papst Jean-Georges Vongerichten serviert im Matsugen japanische Köstlichkeiten

und ungewöhnliche Kombinationen: geräucherter Aaal mit Campari. Neungängiges Probiermenü: $ 140. Sehr hip! *Tgl. ab 18 Uhr | 50 Clinton street | Tel. 1212-477-2900 | www.wd-50.com | Subway: Delancey St., F*

■ RESTAURANTS €€ ■

BAR PITTI ★ ▶▶ [132 B6]

Das trendy Publikum hält dieser Bar die Treue. Keine Kreditkarten. *268*

Fifth und Sixth Av. | Tel. 1212-840-6500 | www.arkrestaurants.com | Subway: 42 St., B, D, F, Q

BUDDAKAN ★ [132 B3]

Pompöses Restaurant mit Bankett-Tischen. Gehobene chinesische Küche in angenehmer Atmosphäre. *75 Ninth Av., Ecke 16th St. | Tel. 1212-989-6699 | www.buddakannyc.com | Subway: 14 St., A, C, E, L*

CAPSOUTO FRERES ⭐ [128 B1]

Ein Bistro, bekannt für seine Soufflés und den Brunch. Dauerangebot: Lunch und Dinner zum günstigen Festpreis: Lunch $ 29, Dinner $ 39. *Mo nur abends, Sa, So Brunch | 451 Washington St. (Watts St.) | Tel. 1212-966-4900 | Subway: Canal St., 1*

CHEZ JOSEPHINE [136 C5]

Im Theaterdistrikt empfängt der Sohn von Josephine Baker seine Gäste in seinem Bistro. Hier kann man auch draußen sitzen und zum Glas Wein eine Zigarette rauchen! *Di–So nur abends | 414 W 42nd St. | Tel. 1212-594-1925 | www.chezjosephine.com | Subway: 42. St., A, C, E*

CRAFT [133 D3]

Die Kritiker singen Lobeshymnen auf Tom Colicchio, der das Konzept für dieses edle Restaurant entwickelt hat. Hohe Qualität und stolze Preise. *Mo–Sa ab 17.30 Uhr | 43 E 19 St. | Tel. 1212-780-0880 | www.craftrestaurant.com | Subway: 23 St., R, 6*

FETTE SAU [131 D–E3] Insider Tip

Im hippen Stadtteil Williamsburg wird gegrillt! Rippchen, Wurst, Lamm – dazu lokales Bier. Rustikal und gemütlich. *Tgl. ab 17 Uhr | 354 Metropolitan Av. | Tel. 1718-963-3404 | Subway: Bedford Av., L*

THE GROCERY [144 C4] Insider Tip

Ganz oben in der Restaurantbibel *Zagat*: Neue amerikanische Küche! *Di–Sa ab 17.30 Uhr | 288 Smith St. | zw. Sackett und Union St. | Tel. 1718-596-3335 | Subway: Carroll St., F, G*

LES HALLES [133 F3]

Spitzenkoch Anthony Bourdain hat es mit „Geständnisse eines Küchenchefs" auf die Bestsellerlisten geschafft. *411 Park Av. S | zw. 28th und 29th St. | Tel. 1212-679-4111 | www.leshalles.net | Subway: 28 St., 6*

Austern satt in außergewöhnlichem Ambiente: Oyster Bar in der Grand Central Station

ESSEN & TRINKEN

MAREA [137 E3]

In diesem exzellenten Italiener werden Meeresfrüchte zelebriert: Flunder, Muscheln, Langusten, Hummer, Seeteufel. Die *New York Times* krönte das Restaurant zur besten Neueröffnung 2009. *Mo–Do ab 17.30, Fr–So ab 17 Uhr | 240 Central Park South (Broadway) | Tel. 1212-582-5100 | www.marea-nyc.com | Subway: 59 St.–Columbus Circle, A-D, 1*

MESA GRILL ▶▶ [133 D4]

Scharf, fantasievoll: das In-Lokal im Flatiron District. *Sa, So Brunch | 102 Fifth Av. (15 St.) | Tel. 1212-807-7400 | www.mesagrill.com | Subway: 14 St.–Union Square, L, N, R, Q, W, 4–6*

MOMOFUKKO SSÄM BAR [133 E5]

Populäres, junges Restaurant für Fleischfans: Kalb und Lamm, Schinken und Speck, auf asiatische Art zubereitet, warten auf Hungrige – nichts für Vegetarier. *2072nd Av. | Ecke 13th St. | Tel. 1212-254-3500 | www.momofuku.com | Subway: Third Av, L.*

OYSTER BAR [134 A1]

Schlemmen im Bahnhof: ein Dutzend Austernsorten , *pan roasts* (Fischsuppen, am besten mit Hummer), Fisch vom Grill. *So geschl. | Grand Central Station, Lower Level, zw. Vanderbilt und Lexington Av. | Tel. 1212-490-6650 | www.oysterbarny.com | Subway: Grand Central, 4–7*

PASTIS ★ ▶▶ [132 B3]

Im Fleischmarktdistrikt schmecken *steak frites*, *crêpes suzette* und *café au lait parisien*, egal zu welcher Tageszeit: ob zum Frühstück ab 8 Uhr oder zum Happen nach Mitternacht. *9 Ninth Av. (Little West 12th St.) | Tel. 1212-929-4844 | www.pastisny.com | Subway: 14 st, A, C, E, L*

PRUNE ★ [129 E1]

Es sind nicht nur die neun Variationen Bloody Mary, die den Brunch *(Sa/So)* so beliebt machen. *54 E 1st St. | zw. 1st und 2nd Av. | Tel. 1212-677-6221 | www.prunerestaurant.com | Subway: Second Av., F*

PURE FOOD AND WINE [133 E4]

Hier wird nichts auf mehr als 48 Grad erhitzt – also kein Gericht gekocht oder gebacken. Auf raffinierte Weise zaubert das vegetarische Rohkostrestaurant Öko-Kreationen aus Nüssen, Gemüse und Obst, die auf der Zunge zergehen. Ausprobieren und überraschen lassen! *Tgl. | 54 Irving Pl. | Tel. 1212-477-1010 | www.prunerestaurant.com | Subway: 14 St.–Union Sq., L, N, Q, R, 4–6*

THE REDHEAD [133 F5]

Immer eine volle Bude – im Redhead trifft sich das East Village. Das Essen ist von den Südstaaten der USA inspiriert, die Atmosphäre im Restaurant sympathisch. *Mo–Fr ab 17.30, Sa/So ab 11 Uhr, So-Abend geschl. | 349 E 13 St. (First Av.) | Tel. 1212-533-6212 | www.theredheadnyc.com | Subway: First Av., L*

RESTO [133 F3]

Das belgische Restaurant ist berühmt für seine Hamburger. Dazu gibt's hausgemachte Mayonnaise und Kloster-Bier. *Tgl. | 111 E 29th St. | zw. Park Av. South und Lexington | Tel. 1212-685-5585 | www.restonyc.com | Subway: 28 St., 6*

RESTAURANTS €€

ROBATAYA [133 E6]
Hier wird jeder Gast auf Japanisch begrüßt. Im Kimono präparieren zwei Männer auf einer Plattform die Gerichte. Unbedingt vorne im ersten Raum am Grill sitzen, um das Spektakel beobchten zu können! *Di–Fr ab 18, Sa 12–14.30 u. ab 18, So 12–14.30 Uhr | 231 E 9th St. | Tel. 1212-979-9674 | www.robataya.com | Subway: Astor Place, 6, 8 St., R, W*

ROBERT  [137 E3]
Im neu eröffneten Museum of Art and Design lockt ein Restaurant mit Traumblick über Columbus Circle

> SPEZIALITÄTEN
Genießen Sie die typisch New Yorker Küche!

bagel – Teigkringel, der in zahlreichen Variationen (z.B. mit Sesam oder Zwiebeln) auf den Frühstückstisch kommt
caesar salad – Romainesalat mit Dressing aus Eigelb, Essig, Worcester und Knoblauch. Wer auf das Aroma von Anchovis verzichten möchte, kündigt das an: *hold the anchovis*
carpaccio – wird in seiner ursprünglichen Form aus Rinderfilet verschmäht, kommt aber dafür in allen möglichen Fischvariationen auf den Teller

cheesecake – Käsekuchen. Pur *(plain)*? Oder Pistazie-Vanille? Oder oder oder – die Varianten sind beinahe zahllos
clam chowder – gebundene Muschelsuppe in den verschiedenen Variationen New England (weiß) und Manhattan (rot, mit Tomate)

crab cakes – Krebsküchlein
eggs – unerlässlicher Frühstücks-Cholesterinstoß für Amerikaner. Dazu gibt es *bacon* (Speck) oder *canadian bacon* (gebratener Schinken) und eine Art Bratkartoffeln *(home fries)*
lobster – Hummer ist in Amerika günstiger als in Europa und kommt in allen Variationen auf den Tisch
New York strip steak – typische New Yorker Spezialität mit dickem Fettrand. Zarter sind Prime Rib oder Filet Mignon
oyster – Austern werden mit Essig und rosa Pfeffer oder manchmal gar mit profanem Ketchup serviert (Foto)
sandwiches – Zu den traditionellen jüdischen Kreationen gehören *Reuben* (Sauerkraut, Schmelzkäse) und *Pastrami* (eingelegtes Rindfleisch). Man zählt die gewünschte Brotsorte, z.B. *whole wheat toast* (Weizenvollkorntoast), und das Dekor (*lettuce* = Salat, *tomato* = Tomate, *mayonaise* = Mayonnaise, *mustard* = Senf, *onion* = Zwiebel) auf
turkey – Zum Thanksgiving-Truthahn werden *cranberries* (Preiselbeeren aus Massachusetts), *gravy* (Soße) und *sweet potatoes* (Süßkartoffeln in jeder Form) serviert. Auch als Aufschnitt für Sandwiches beliebt

Nicht nur das Essen im asiatischen Ambiente des Spice Market ist vom Feinsten

und Central Park. Hier können Sie auf Sofas loungen oder ein New York Strip Steak (zartes Lendensteak) verspeisen – eine unvergessliche New-York-Erfahrung. *Tgl. | 2 Columbus Circle | Tel. 1212-299-7730 | www.robertnyc.com | Subway: 59 St.-Columbus Circle, A–D, 1*

SCHILLER'S LIQUOR BAR ★ ▶▶ [129 F2]

Ein Muss auf der Lower East Side für die In-Szene, die den Wochenendbrunch liebt. *Tgl. | 131 Rivington St. | Ecke Norfolk St. | Tel. 1212-260-4555 | www.schillersny.com | Subway: Delancey St., F, J, M, Z*

SPICE MARKET ★ [132 B3]

Thai-Küche à la Jean-Georges Vongerichten, gemixt mit malaysischen Rezepten. *Tgl. | 403 W 13th St. | (Ninth Av.) | Tel. 1212-675-2322 | www.spicemarketnewyork.com | Subway: 14 St./Eighth Av., A, C, E, L*

■ RESTAURANTS €

26 SEATS [132 B2]

Ein niedliches, kleines französisches Restaurant im East Village mit – der Name weist bereits darauf hin – exakt 26 Sitzplätzen. *Di–So, nur abends | 168 Av. B | (11th st) | Tel. 1212-677-4787 | Subway: Second Av., F*

CANDLE 79 [139 D2] Insider Tipp

Wer hier vegetarisch gegessen hat, überlegt schon mal, dem Fleisch abzuschwören. Sonntag von 12–16 Uhr Brunch für $ 28. *154 E 79th St. | zw. 3rd und Lexington Av. | Tel. 1212-537-7179 | www.candlecafe.com | Subway: 86 St., 4, 6*

CHIPOTLE [133 D2]

Diese Restaurantkette bietet an vielen Plätzen Manhattans Burritos, Tacos und Salate an – zum Selberzusammenstellen. Gehobenes Fastfood! *2837th Av. | (26th St.) | www.chipotle.com | Subway: 23 St., A, C, F*

RESTAURANTS €

CITY BAKERY [133 D4]
Büfett mit Vegetarischem, Fisch und Fleisch in originellen Kombinationen. Gut zum Lunchen. *Tgl. 7.30–19 Uhr | 3 W 18th St. | Tel. 1212-366-1414 | http://thecitybakery.com | Subway: 14 St.-Union Square, L, N, Q, R, 4–6*

Insider Tipp **DEGUSTATION** [133 E6]
Tapas zu niedrigen Preisen. *Mo–Sa nur abends | 239 E Fifth Av. | Tel. 1212-979-1012 | Subway: Astor Place, 6, Second Av., F*

DIM SUM GOGO [129 D3]
Fernostpalette vom Chinaklößchen bis zum in Teig gehüllten Hamburger. *Tgl. | 5 East Broadway | (Chatham Square) | Tel. 1212-732-0797 | Subway: Brooklyn Bridge, 4–6*

DOS TOROS TAQUERIA [133 E5]
Einfach, schnell, billig: der rustikale Imbiss bietet Tacos, Burritos und Quesadillas. *Tgl. | 137 Fourth Av. (13 St.) | Tel. 1212-677-3700 | www.dostorosnyc.com | Subway: 14 St.–Union Square, L, N, Q, R, 4–6*

EMPIRE DINER [112 B2] Insider Tipp
Stromliniendekor aus den 1950er-Jahren. *24 Stunden geöffnet | 210 Tenth Av. | (22nd St.) | Tel. 1212-243-2736 | Subway: 23 St., C, E*

ESPERANTO [130 A1]
Brasilianisch? Karibisch? Egal: einfach gute Multikultiküche. *Abends, Sa u. So Brunch | 145 Av. C | (9th St.) | Tel. 1212-505-6559 | www.esperantony.com | Subway: Astor Pl., 6*

ESS-A-BAGEL [133 F4] Insider Tipp
Riesige Bagelauswahl, noch größeres *creamcheese*-Angebot. *359 First Av. | (21st St.) | Tel. 1212-260-2252 | www.ess-a-bagel.com | Subway: First Av., L*

IPPUDO [133 E5]
Selbstgerollte Nudeln für japanische Ramen-Suppen – mit Schweinefleisch oder vegetarisch. *65 Fourth Av. | zw. 9th und 10th St. | Tel. 1212-388-0088 | www.ippudo.com/ny | Subway: Astor Place/8 St.–NYU, 6, N, Q*

KATZ DELICATESSEN [130 F2]
Im klassischen jüdischen Deli probiert man Sandwiches. *205 E Houston St. (Ludlow St.) | Tel. 1212-254-2246 | Subway: Second Av., F*

KEFI [140 B5] Insider Tipp
Bei diesem Griechen gibt es Gutes günstig: Souvlaki, Tintenfisch und Moussaka – das New York Magazine nannte Kefi einen „Underground

Gourmet". *505 Columbus Av. | Tel. 1212-873-0200 | Subway: 81 St., B, C*

LORELEY ▶▶ [129 E2]
Weil es hier *richtiges* Bier gibt und den passenden Garten, ist das deutsche Lokal von DJ Michael Momm beliebt. *Tgl. | 7 Rivington St. | zw. Bowery und Chrystie St. | Tel. 1212-253-7077 | Subway: Second Av., F*

MALATESTA ★ [132 B5]
Der entzückende Italiener serviert hausgemachte Gnocchi, gute Weine und ist dazu noch günstig. *649 Washington St. | Tel. 1212-741-1207 | Subway: Christopher St., 1*

Insider Tipp PORCHETTA [133 E–F6]
Paradies für Liebhaber von deftigen Sandwiches. Günstig! *Tgl. | 110 E 7th St. | Tel. 1212-777-2151 | www.porchettanyc.com | Subway: Astor Place/ 8 St.–NYU, 6, N, Q*

RICE TO RICHES [129 D2]
An der hip gestylten Theke gibt es nur eins: Milchreis – in allen Variationen. *37 Spring St. | zw. Mott und Mulberry St. | Subway: Spring St., 6*

ROUGE TOMATE [138 B4]
Belgisches *health food* zum Dahinschmelzen. *10 E 60th St. | Tel. 1646-237-8977 | www.rougetomatenyc.com | Subway: 59 St./Lexington Av.-59 St., 6, N, R*

Insider Tipp SCHNITZEL & THINGS
Der Truck mit dem senfgelben Logo steht Montag bis Freitag von 11.30 bis 14 Uhr jeweils an einer anderen Straße. Die Crew frittiert Kabeljau, Hühnchen und Schweinekotelett.

Standort per Website oder Twitter erfahren! *Tel. 1347-772-7341 | www.schnitzelandthings.com*

SMÖRGAS [132 C4]
Netter Service, ulkiges Design, skandinavisches Essen. Ideal zum Brunch *283 W 12 St. (Eighth Av.) | Tel. 1212-243-7073 | www.smorgas.com | Subway: Eighth Av–14 St., A, C, E, L*

Fastfood für Gourmets: Katz Delicatessen

SYLVIA'S RESTAURANT [145 D2]
Südstaatenküche in Harlem. Beliebt zum Frühstück. *328 Lenox Av. | Tel. 1212-996-0660 | www.sylviasrestaurant.com | Subway: 125 St., 2, 3*

TAI THAI [130 E–F1]
Thai-Geschmack, fast zum Bangkok-Discount. *78 E 1st St. | Tel. 1212-777-2552 | Subway: Second Av., F*

> NEW YORK, EIN RIESIGER SUPERMARKT

In der Shoppingmetropole können Sie sich jeden Wunsch erfüllen – Sie müssen nur wissen, wo

> Wenn Sie nach Hause fliegen, dürfen Sie leider nur noch einen Koffer à 23 kg mitnehmen. Dabei gibt es genug, um ihn zu füllen: Je nach Dollarkurs reicht die Liste der Schnäppchen von Turnschuhen bis zu elektronischen Geräten.

Vor allem wenn *sale* ist, Ausverkauf, für den es in New York ständig Anlässe gibt: Unabhängigkeitstag, Labor Day oder einfach Sommer- oder Winterschlussverkauf. Auch bei Büchern, CDs und DVDs lohnt ein Blick, wobei Sie bei DVDs darauf achten müssen, dass der Ländercode auch fürs Heimatland gilt. Genügend Zeit und Geld vorausgesetzt, kann Shopping in New York eine Reise für sich wert sein. An der Madison und der Fifth Avenue liegen kilometerlang Tür an Tür Filialen internationaler Prestigedesigner und Nobelkaufhäuser, dazwischen logieren die Amerikaner: von *Calvin Klein* und *Donna Karans DKNY* bis zu *Ralph Lauren.*

> www.marcopolo.de/newyork

EIN KAUFEN

Erst SoHo und Chelsea, jetzt der *Meatpacking District* [132 B-C 3-4]: Er wurde zu Manhattans nächster Nachbarschaft, die den Sprung von schäbig zu schick machte, Viertel wie die *Lower East Side* [129 D-F 1-4] oder *Park Slope* [144 C4] in Brooklyn sind auf bestem Weg, dies nachzumachen. Nördlich von Little Italy hat sich in einem *NoLIta* [129 D2-3] genannten Straßengewirr von Spring, Mott und Elizabeth Street die jüngste Yuppie-

generation festgesetzt. An der Lower East Side formiert sich *LuSTO* [129 E-F 3-2], das die Straßenzüge *Lu*dlow, *St*anton und *Or*chard street umfasst. Wo lange jüdische Händler ihre *shmatte* (Kleider) anpriesen, siedeln sich jetzt junge Designer an.

In Brooklyn passiert gerade dasselbe: Die Bedford Avenue zieht junge Leute magisch an. Und entlang des *F Trains* (*Subway: Bergen St. oder Carroll Gardens*) lockt *BoCoCa*

[145 D4] – *Bo*erum Hill, *Co*bble Hills und *Ca*rroll Gardens – mit junger Mode, Cafés und Bars.

Ungewohnt für Europäer: Die Preisschilder in den Läden weisen meist nur Nettopreise aus. Außer bei Lebensmitteln, Zeitungen und Büchern sowie bei Kleidung und Schuhen für unter $ 110 muss zu allen Produkten 8,875 Prozent Steuer hin-

dass die Läden auch als geheime Singletreffs gelten. *33 E 17 St.* [133 E4] | *Subway: 14 St.-Union Square, L, N, Q, R, 4–6; 1972 Broadway (66th St.)* [137 E2] | *Subway: 66 St., 1*

EAST WEST BOOKS ▶▶   [133 D4] Insider Tipp
Über 30000 Bücher, dazu ein Café, Yogaklassen, Schmuck und Medita-

Kaffeepause in der schicken Espressobar von Dean & DeLuca

zugerechnet werden. Viele Läden haben sonntags geöffnet, der lange Samstag ist ebenfalls eine ständige Einrichtung. Viele Geschäfte schließen abends erst um 21 Uhr.

■ BÜCHER ■

BARNES & NOBLE ▶▶
Kaufhäuser für Bücherwürmer: Es gibt New Yorker, die verbringen hier lesend ganze Tage. Kein Wunder,

tionskissen – in dem goßen Laden finden Sie alles über Esoterik, Wellness oder Buddhismus. *78 Fifth Av. (14th St.)* | *www.eastwestnyc.com* | *Subway: 14 St.-Union Square, L, N, Q, R, 4–6*

PHAIDON STORE   [128 C1]
Ein kleines Juwel für Fotobuchfans in SoHo. *100 Wooster St.* | *Subway: Prince St.,R, Spring St., C, E*

STRAND BOOK STORE ⭐ [133 D–E5]

Das kann sich sehen lassen: Sage und schreibe 18 Meilen an Büchern und New Yorks größtes Angebot an raren Kunst- und Fotobänden. *828 Broadway | (12th St.) | www.strandbooks. com | Subway: 14 St.–Union Square, L, N, Q, R, 4–6*

■ DELIKATESSEN ■

DEAN & DELUCA [129 D1]

Gourmetladen, dessen Espressobar ein Treffpunkt schicker Downtown-New Yorker ist. *560 Broadway | (Prince St.) | www.deandeluca.com | Subway: Prince St., R*

insider Tipp

DI PALO [129 E2]

Italienische Leckereien, wohin das Auge blickt. Riesige Prosciutto hängen von der Decke, darunter findet sich dann alles von Salami und Mozzarella bis zu Riesenrädern Parmesan. Gucken gehen! *200 Grand St. | www.dipaloselects.com | Subway: Grand St., B, D, Spring St., 6*

ITO EN [138 B–C3]

In dem vom New York Magazine zum schönsten Teeladen der Stadt gekürten Shop kaufen auch Prominente wie Bianca Jagger und Robin Williams ihren Tee und das Drum und Dran der Utensilien. Meditative Ruhe strahlt dieser japanische „Teetempel" aus – ein Gegenpol zum hektischen Getriebe auf den Straßen New Yorks. *822 Madison Av. | zw. 68th u. 69th St. | www.itoen.com | Subway: 68 St.–Hunter College, 6*

■ DEPARTMENT STORES ■

BARNEYS NEW YORK ⭐ ▶▶ [138 B4]

Szenetreffpunkt (u.a. im Restaurant *Fred's* im 9. Stock) und (ziemlich teurer) Umschlagplatz für Trendgarderobe. Dazu führt das Kaufhaus Schuhe, Schmuck und Antiquitäten. Im Nebengebäude finden Sie fünf Stockwerke nur mit Männermode. *Mo–Fr 10–20, Sa 10–19, So 11–18 Uhr | 660 Madison Av. (61st St.) | Subway: 59 St., 4–6*

MARCO POLO HIGHLIGHTS

⭐ **Strand Book Store**
Günstige Bücher ohne Ende: Paradies für (Kunstbuch-)Liebhaber (Seite 71)

⭐ **Barneys New York**
Doppelt hip: Trendkaufhaus und Szenetreff zugleich (Seite 71)

⭐ **Takashimaya**
Edle Geschenke aus dem Lande Nippon auf sieben Etagen (Seite 72)

⭐ **Apple Store**
Hier finden sie sich alle, die Insignien des coolen Designs (Seite 72)

⭐ **B+H Photo**
Das größte Fotogeschäft der Welt (Seite 72)

⭐ **MoMA Design Store**
Modern Art und bemerkenswertes Design im Museumsshop (Seite 74)

⭐ **William Sonoma**
Gute Souvenirs gibt es im Spezialkaufhaus für Hobbyköche (Seite 74)

⭐ **F.A.O. Schwarz**
Spielzeug-Schlaraffenland für die Kinder des 21. Jhs. (Seite 75)

BERGDORF GOODMAN [138 A4]

Erstklassige französische, italienische und junge amerikanische Modedesigner, dazu die attraktivste Kosmetikabteilung New Yorks. Der Store für Männer auf der anderen Seite der Fifth Avenue birgt ein kleines Restaurant. *Mo–Fr 10–20, Sa 10–19, So 12–18 Uhr | 754 Fifth Av. | zw. 57th und 58th St. | Subway: Fifth Av., N, R*

BLOOMINGDALE'S [138 B4]

Das Nobelkaufhaus ist immer wieder einen Besuch wert. *Mo–Fr 10–20.30, Sa 10–19, So 11–19 Uhr | 1000 Third*

>LOW BUDGET

> *Pearl River Mart* [129 D2] ist der ultimative Geschenkeladen. Hier findet sich Billiges, Buntes & Witziges aus Asien. *477 Broadway, zw. Broome und Grand street | www.pearlriver. com | Subway: Prince St., R*

> *Whole Foods*, ein Supermarkt für Bio-Lebensmittel und frische Produkte, bietet Probierhappen – mal Guacamole, mal Kräcker mit Brie und Preiselbeeren. *250 Seventh Av./Ecke 24th St.* [133 D2] *| www.wholefoods market.com | Subway: 23 st., A,C, E oder 4 Union Square South/Ecke Broadway* [133 E4] *| Subway: 14 St.- Union Square, L, N, Q, R, W*

> Die Buchhandlung *Housing Works* [129 D1] sieht aus wie eine alte, charmante Bibliothek mit Wendeltreppe. Billige Bücher – teils gebraucht – und ein kleines Café. *126 Crosby Street/Ecke Houston St. | www.housingworks.org/social- enterprise/bookstore-cafe| Subway: Broadway-Lafayette, B, D, F*

Av. | zw. 59th und 60th St. 60 | Subway: Lexington Av./59 St., N, R, 4–6

MACY'S [133 E1]

Stöbern im weltgrößten Kaufhaus *Mo–Do 10–21.30, Fr 9–21.30, Sa 9–22, So 11–20.30 Uhr | 151 W 34th St. (Broadway) | Subway: 34 St.– Herald Square, B, D, F, N, Q, R*

TAKASHIMAYA ⭐ [138 A4–5]

Japanisches Kaufhaus mit Ausgefallenem auf 7 Etagen. *Mo–Sa 10–19, So 12–17 Uhr | 693 Fifth Av. | zw. 54th und 55th St. | Subway: Fifth Av., E*

▦ ELEKTRONIK ▦

APPLE STORE ⭐ ▶▶ [129 D1]

Ob Powerbook oder iPod – Apple definiert, was cool wird. Täglich Workshops, bei denen Kenner Programme erklären. Rund um die Uhr geöffnet. *767 Fifth Av. (59th St.) | Subway: 59 St., 4–6, 57 St., F*

B+H PHOTO ⭐ [133 D1]

Einkaufsparadies für alle Foto- und Filminteressierten. *Mo–Do 9–19, Fr 9–13, So 10–18 Uhr | 420 Ninth Av. (33rd St.) | www.bhphotovideo.com | Subway: 34 St., A, C, E*

J & R MUSIC WORLD [128 C4]

Günstige Kameras, Computer, CDs und jede Menge weiterer Unterhaltungselektronik. *Mo–Sa 9–19.30, So 10.30–18.30 Uhr | 23 Park Row (Beekman St.) | www.jr.com | Subway: City Hall/Brooklyn Bridge, N, R, 4–6*

▦ FLOHMÄRKTE ▦

Sonntags gibt es Flohmärkte, *street fairs* und *crafts fairs* (Handwerk). Info: Stadtmagazine, *www.fleausa.com*

P.S. 44 MARKET [140 C6]

Hier gibt es sowohl gebrauchte als auch neue Kleidung zu kaufen. Modeschmuck, T-Shirts, Ledermäntel. *So ab 10 Uhr | Columbus Av./76th St. | Subway: 72 St., B, C*

475 Tenth Av. (36th St.) | Subway: 34 St., A, C, E

MATTHEW MARKS [132 B2]

Setzt auf große Namen wie Ellsworth Kelly, Bryce Marden und auf ameri-

Mehr Auswahl als bei Macy's, dem größten Kaufhaus der Welt, gibt es nirgends

▬ GALERIEN ▬

Öffnungszeiten: 10–18 Uhr, oft So/ Mo geschl.

CLEMENTINE GALLERY ▶▶ [132 B–C1]

Spezialität: junge Künstler und ihre erste New Yorker Solo-Show. Hier sind echte Entdeckungen möglich, mit etwas Glück sogar schon ab $ 500. *623 W 27th St. | Subway: 23 St., C, E*

EXIT ART [136 B6]

Fordert den Kunstbegriff heraus und fördert gleichzeitig junge Künstler.

kanische Newcomer. *523 W 24th St. und 522 W 22nd St. | zw. Tenth und Eleventh Av. | Subway: 23 St., C, E*

DAVID ZWIRNER [132 B2]

Die Klassiker von morgen wie die Maler Neo Rauch und Marcel Dzamas. *525 W 19th St. | zw. Tenth Av. und West St. | Subway: 23 St., C, E*

▬ GESCHENKE ▬

AJI ICHIBAN [129 D3]

Mitten in Chinatown: japanische Süßigkeiten und salzige Snacks, originell, bunt und zum Probieren in kleinen Schälchen. *Tgl. 10–20 Uhr | 167 Hester St. | Subway: Canal St., 6*

CONTAINER STORE [133 D3]
Einpacken, wegpacken, sortieren – hier findet man Boxen, Behälter und Kisten in allen Farben, Formen und dazu originelle Geschenke. *629 Sixth Av. | Subway: 23 St., F*

FISH'S EDDY [133 E4]
Tassen mit NY-Motiv, Teller mit Skyline. Geeignet für den Mitbringselkauf. *889 Broadway (19th St.) | Subway: 23 St., R, 6*

HAMMACHER SCHLEMMER [138 B4]
Vom futuristischen Hightech-Lärmneutralisierer bis zum klassischen Kuschelpyjama: Hier erwartet Sie ein wilder Mix an Geschenken. *147 E 57th St. | nahe Lexington Av. | www.hammacher.com | Subway: Lexington Av./59 St., N, R, 4–6*

MOMA DESIGN STORE ⭐ [137 E–F 4–5]
Jede Menge Dekor- und Gebrauchsgegenstände aus der Sammlung des Museum of Modern Art. *44 W 53rd St. | zw. Fifth und Sixth Av. | Subway: 47-50 St., B, D, F, Q*

MUJI [128 C2] Insider Tip
Faltbare Wecker, wasserfeste Lautsprecher, New Yorker Wolkenkratzer als Holzklötzchen: japanischer Laden mit jeder Menge nützlicher – und durchaus wunderlicher Dinge. *455 Broadway | Subway: Canal st, N, Q, 6*

MXYPLYZYK [132 B3] Insider Tip
Lampen, Spielzeug, Notizbücher, Geschirr, Designstücke. Gute Quelle

Fifth Avenue: weltberühmte Geschäfte und Eldorado für Shopper

für Mitbringsel. *125 Greenwich Av. | (13th St.) | www.mxyplyzyk.com | Subway: 14 St., A, C, E, L*

WILLIAM SONOMA ⭐ [138 B4]

Im Kaufhaus für Küchenutensilien und regionale amerikanische Zutaten finden Sie auch brauchbare Souvenirs. *Vier Filialen, u.a. 121 E 59th St., zw. Park und Lexington Av. | Subway: Lexington Av., B, Q*

◼ KINDERMODE & SPIELZEUG

BABY GAP [138 A4–5]

Der größte der 30 Läden, mit denen die Modekette allein in Manhattan vertreten ist, glänzt u.a. mit ausgefallener Babymode. *6805th Av. (54th St.) | Subway: 47-50 St., B, D, F*

F.A.O. SCHWARZ ⭐ [138 A4]

Nicht nur für Kinder: größte Auswahl an neuestem, auch technischem Spielzeug. *767 Fifth Av. (58th St.) | Subway: Fifth Av., N, R*

◼ KLEIDUNG & ACCESSOIRES

AMERICAN APPAREL [132 C5]

In L.A. werden nicht nur diese T-Shirts produziert, sondern auch das entsprechende Lebensgefühl vermittelt: lässiges Understatement, soziales Engagement. Beides gibt es in 21 Filialen in NY. *U. a. 345 Seventh Av. (29th St.) | Subway: 28 St., 1*

AMERICAN EAGLE OUTFITTERS [137 D5]

Diese amerikanische Kette bietet Kleidung für Männer und Frauen in riesiger Auswahl. *1551–1555 Broadway (46th St.) | Subway: 49 St., N, R*

BILLIONAIRE BOYS CLUB

Im SoHo-Shop gibt es Sneakers, T-Shirts und andere Klamotten in coolem Design für Jungs und Männer. *456 W. Broadway | Subway: Houston St., 1,2,3, Spring st, A, C, E*

CENTURY 21 [128 B4]

Designerkleidung zu Niedrigpreisen, auch wenn man oft auf das Renommieretikett verzichten muss. *22 Cortlandt St. | zw. Broadway und Church St. | Subway: Cortlandt St., N, R, 1*

DARLING [132 C4]

Schräg, charmant, sexy und dabei durchaus bezahlbar, die Mode von Ann French Emonts. Sie führt in ihrem Laden übrigens auch andere New Yorker Designtalente. *1 Horatio St. (Eighth. Av.) | Subway: 14 St., A, C, E, L*

LIQUOR STORE [128 C2]

In einer ehemaligen Bar bietet J.Crew Männermode an. Der Steve-McQueen-Look wird hier kultiviert. *235 W Broadway | Subway: Canal St., A, C, E, 1*

LONGCHAMPS [129 D1]

Allein schon wegen seines umwerfenden Designs müssen Sie in diesen Taschenladen. Die Treppenstufen gleichen riesigen Wellen, auf drei Stockwerken gibt es Handtaschen satt. *132 Spring St. (Greene St.) | Subway: Spring St., C, E*

MANOLO BLAHNIK [138 A4]

Seit „Sex and the City" definitiv der berühmteste Schuhladen der Welt. *31 W 54th St. | zw. Fifth und Sixth Av. | Subway: Fifth Av./53 St., E*

MARC JACOBS [129 D1]

Der Kronprinz unter den etablierten US-Designern. *163 Mercer St. | zw. Houston und Prince St. | Subway: Prince St., N, R*

NBA STORE [138 A5]

Eine riesiege Auswahl an Hemden, Jacken, Kappen und Schmuck mit den Clubemblemen aus Amerikas Basketballliga auf 4000 m² . *666 Fifth Av. | zw. 52nd und 53rd St. | Subway: 51 St., 6*

NIKETOWN USA [138 A4]

Das durchgestylte Prestigegeschäft des amerikanischen Sportausrüsters ist gut besucht. *6 E 57th St. (Fifth Av.) | Subway: 57 St., B, N, Q, R*

PRADA [129 D1]

Hier gibt es das Einkaufserlebnis des 21. Jhs.: mitdenkende Umkleidekabinen. Das Bodenwellendesign stammt vom Architekten Rem Koolhaas. *575 Broadway (Prince St.) | Subway: Prince St., N, R*

PUMA [129 D1–2]

Alles, was Puma seit seiner *rebirth of cool* bietet. *521 Broadway | zw. Spring und Broome St. | Subway: Prince St., N, R*

SHANGHAI TANG [138 A–B4]

Boutique mit Mode „Made and designed in China" für Frauen, Männer und Kinder. *600 Madison Av. (57th St.) | Subway: Lexington Av./59 St., N, R, 4–6*

UNIQLO [129 D1]

Die japanische Kette bietet in ihrem eleganten und großzügigen Laden edle, schlichte Mode. Keine Logos, viele Farben. *546 Broadway | zw.*

Nicht nur der Flagship Store beweist es: Nike liegt noch immer im Trend

Prince St. u. Spring St. | Subway: Prince St., N, R

URBAN ATHLETICS [142 B5]
Jerry Macaris Beratung beim Laufschuhkauf ist top. *1291 Madison Av. (Nähe 92th St.) | www.urbanathletics nyc.com | Subway: 96 St., 6*

KOSMETIK & FRISEURE

AVEDA INSTITUTE [128 C1]
Ein Beautysalon für die kleine Kur zwischendurch während des Shoppens. Hier wird auch ausgebildet: Haare färben oder ein *facial*, eine Gesichtsreinigung, ist beim Trainee nur halb so teuer, und die Zauberlehrlinge sind meist doppelt so vorsichtig. *233 Spring St. | zw. Sixth Av. und Varick St. | Tel. 1212-807-1492 | Subway: Houston St., 1*

FRÉDÉRIC FEKKAI [138 A4]
Der Starfriseur hat Nobelkundinnen wie die Schauspielerinnen Liv Tyler und Naomi Watts. Der Haarschnitt kostet zwischen $ 105 und – beim Meister selbst – $ 750! *714 Fifth Av. (56th St.) | Tel. 1212-753-9500 | Subway: Fifth Av., E, F*

KIEHL'S PHARMACY [133 E5]
Schöne, altmodische Apotheke, die berühmt ist für ihre eigenen Kosmetikartikel. *109 Third Av. | zw. 13th und 14th St. | Subway: 14 St.–Union Square, L, N, Q, R, 4–6*

SEPHORA [129 D1]
Hier treffen sich hübsche New Yorkerinnen auf der Suche nach Beautytipps. *555 Broadway | zw. Houston und Prince St. | Subway: Prince St., N, R*

MALL

WOODBURY COMMON PREMIUM OUTLETS [0]
Das Outletcenter findet sich außerhalb der Stadt und lockt mit 220 Geschäften, darunter Läden von weltbekannten und teuren Marken wie Prada, Miu Miu, Marc Jacobs und Kaschmirhersteller TSE. *Bus der Short Line ab Port Authority (2. Stock Fahrpreis inkl. Discountgutscheine $ 40) | www.premiumoutlets.com*

MUSIK

JAZZ RECORD CENTER ▶▶ [133 D2]
Der Name sagt es bereits: Dieser Shop ist auf alles spezialisiert, was mit Jazz zu tun hat. *So geschl. | 236 W 26th St. | zw. Seventh und Eighth Av., 8. Stock | Subway: 28 St., 1*

OTHER MUSIC ▶▶ [133 D6]
Der Laden huldigt der musikalischen Genremanie. Hier finden Sie die beste Auswahl der Stadt aus den Sparten Indie, Ambient, frankophiler Pop und Psychedelia. *15 E 4th St. | zw. Broadway und Lafayette St. | Subway: Broadway-Lafayette, B, D, F*

SCHMUCK

JEWELERS ON FIFTH [137 E5–6]
33 Juweliere, x Stile – alle unter einem Dach. *So geschl. | 578 Fifth Av., Ecke 47th St. | Subway: Rockefeller Center, B, D, F*

TIFFANY & CO. [138 A4]
Das legendäre New Yorker Schmuckkaufhaus mit den ebensolchen Preisen. Im 3. Stock finden Sie allerdings erschwingliche silberne Kleinigkeiten. *727 Fifth Av. (57th St.) | Subway: 57 St., B, C*

> DIE NACHT BEGINNT NACH FEIERABEND

Musical, Theater, Ballett, Jazz, Oper und Konzert,
Diskos und Tingeltangel: nichts, was es nicht gibt

> In der Welthauptstadt des Entertainments geht man nach der Arbeit meist gar nicht erst nach Hause, sondern trifft sich in der Lieblingsbar auf einen Drink oder zu einem frühen Abendessen im Restaurant. Gleich danach geht es ins Theater, in die Oper, ins Musical oder ins Kino, seinen Abschluss findet der Abend wiederum in einer der angesagten Locations der Stadt. Das riesige Angebot erschlägt Besucher beinahe. New Yorker lässt solche Vielfalt eher

kalt. Man orientiert sich an den eigenen Bedürfnissen und den Kritiken in Zeitungen.

Wie trendabhängig vieles ist, zeigt sich in den Clubs, deren Popularität einem ständigen Wechsel unterliegt. Einige machen daraus eine Tugend und bieten jeden Abend einem anderen Publikum ein Zuhause. Was morgen sein wird? Wer weiß? Livemusik jedenfalls ist eine der Domänen des Big Apple, in New York findet sie

Bild: Cocktailbar Glass Club

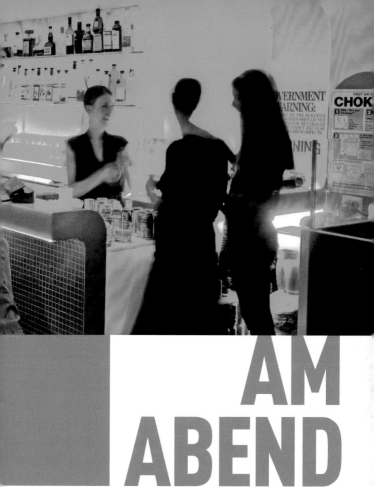

besonders bei Jazz und Blues ein treues Publikum.

▮ BARS ▮

In Hotels ist die Bar der Treffpunkt, und zwar nicht nur für Hotelgäste – bei klassischen Mixdrinks wie Martini, Manhattan, Gimlet oder Whisky Sour sitzt man zusammen bis nach Mitternacht. Angesagt sind u.a. die *King Cole Bar* im *The St. Regis*, das ★ ☀ *Rise* im *Ritz Carlton Battery*

Park, und die *Grand Bar* im *Hotel Soho Grand.*

In den vornehmeren Restaurants ist die Bar die Theke, hinter der ein Bartender die Getränke zubereitet. In teuren Häusern bietet sich hier aber auch die Gelegenheit, das volle Spektrum der Küchenkünste in Form von Vorspeisen zu testen.

Nehmen Sie auf alle Fälle Ihren Ausweis mit. Viele Bars wollen ihn sehen, selbst wenn Sie klar über 21

BARS

Und vor den Fenstern locken die Lichter von Midtown: die Bar 230 Fifth

Jahre alt sind – das Mindestalter, um alkoholhaltige Getränke bestellen zu dürfen.

 230 FIFTH [133 E2]

Riesige Dachterrassenbar an der Fifth Avenue, mitten im Lichtermeer von Midtown. *230 Fifth Av. (27th St.) | Tel. 1212-725-4300 | www.230-fifth. com | Subway: 28 St., N, R, 6*

ALGONQUIN/BLUE BAR [137 E6]

In der Lounge des ehemaligen Literatenhotels lässt sich beim Drink gut reden. *59 W 44th St. | zw. Fifth und Sixth Av. | Tel. 1212-840-6800 | Subway: 42 St., B, D, F, Q*

 APOTHEKE [129 D3]

Hinterm Tresen stehen Männer in weißen Apothekerkitteln, die Absinthgetränke flambieren. Das grüne Getränk war lange verboten – jetzt ist es beim Publikum so begehrt, dass sich die Bar in Chinatown allabendlich füllt. *9 Doyers St. | zw. Bowery u. Pell | Tel. 1212-406-0400 | Subway: Canal St., N, Q, 6*

BALTHAZAR [129 D1]

Die französische Brasserie ist hip, ohne versnobt zu sein. *80 Spring St. (Crosby St.) | Tel. 1212-965-1414 | Subway: Spring St., 6*

BEMELMAN'S BAR [138 C2]

Die romantische Pianobar im Carlyle Hotel hat viel Stil. *35 E 76th St. (Madison Av.) | Tel. 1212-744-1600 | Subway: 77 St., 6*

BRASSERIE 81/2 [138 A4]

Hier ist die Zukunft des Designs immer noch retro. Schwer angesagt bei der *in-crowd* in Midtown. *9 W 57th St. | zw. Fifth u. Sixth Av. | Tel. 1212-829-0812 | Subway: Sixth Av., B, Q*

CARNIVAL AT BOWLMOR LANES [133 D5]

Spannende Location: eine Mischung aus Bar und Zirkus. Neben den

Drinks werden Kleinigkeiten zum Essen serviert – und Schwertschlucker und Seiltänzer geboten. *110 University Pl. (13th St.) | Tel. 1212-255-8188 | www.carnivalnyc.com | Subway: 14 St.–Union Square, L, N, Q, R, 4–6*

CHIBI'S SAKE BAR [129 D1]

Im Hinterstübchen des Lokals *Kitchen Club* gibt es 19 verschiedene Sakes, dazu werden japanische Vorspeisen gereicht und montags vor 20 Uhr pilzgefüllte Dumplings gratis. *238 Mott St. (Prince St.) | Tel. 1212-274-0054 | Subway: Prince St., N, R*

Insider Tipp

CIBAR [133 E4]

Große Auswahl an Martinis. *56 Irving Place | zw. 17th und 18th St. | Tel. 1212-460-5656 | Subway: 14 St.– Union Square, N, R, 4–6*

HOLLAND BAR [136 C5]

Günstiges Bier, gute Stimmung: Mini-Bar im Stadtteil Hell's Kitchen. *5329th Av. | Tel. 1212-502-4609 | Subway: 42 St.–Port Authority, A, C, E*

KAÑA [128 B1] Insider Tipp

Die Tapaslounge ist die perfekte Chill-out-Location, und nachts wird auch durchaus schon mal getanzt. *324 Spring St. | zw. Greenwich und Washington St. | Tel. 1212-343-8180 | Subway: Spring St., C, E*

KUSH ▶▶ [129 E2]

Hier gibt es Wasserpfeifen und so schummriges Licht, dass ein Stadtmagazin das Kush zur besten *make-out-bar* gekürt hat: zur besten Knutschbar. *191 Chrystie St. | zw. stanton und Rivington St. | Tel. 1212-677-7328 | Subway: Second Av., F*

MARCO POLO HIGHLIGHTS

★ **Rise**
Cocktails mit tollem Blick auf Miss Liberty (Seite 79)

★ **Pen-Top Bar**
Drinks auf der Terrasse mitten im Wolkenkratzergetümmel (Seite 82)

★ **Broadwaymusicals**
In New York? Nicht nur für Fans ein Muss (Seite 82)

★ **Dizzy's Club Coca Cola**
Ein Klassiker der Zukunft – garantiert (Seite 85)

★ **Knitting Factory**
Eine für alle: Free-Jazz und Rock, Tanz und Bars (Seite 85)

★ **Avery Fisher Hall**
Hier spielen die New Yorker Philharmoniker (Seite 86)

★ **City Center** ★
Hier gibt's oft mitreißende Ballettaufführungen zu bestaunen (Seite 86)

★ **Metropolitan Opera**
Stars von Weltruf schaffen das Opernereignis überhaupt (Seite 86)

★ **Brooklyn Academy of Music (BAM)**
Bietet Inszenierungen weltbekannter Größen (Seite 87)

★ **Joseph Papp Public Theater**
Das bemerkenswerte Repertoiretheater ist über 50 Jahre alt (Seite 87)

OLD TOWN BAR & GRILL [133 E4]

Eine Kneipe, wie es sie früher oft in New York gab: Artikel über Filmstars an der Wand, langer Mahagoni-Tresen, dunkles Holz und schneller Service. *45 E 18th St. | Tel. 1212-529-6732 | Subway: 14 St.–Union Square, L, N, Q, R, 4–6*

PEN-TOP BAR ★ ⟡ [138 A4]

Ein Glashaus auf dem 23 Stockwerke hoch liegenden Dach des Hotels *The Peninsula.* Im Sommer sitzen Sie auf der Terrasse zwischen den Wolkenkratzern und blicken in den Himmel über der Stadt, die niemals schläft. *700 Fifth Av. (55th St.) | Tel. 1212-247-2200 | Subway: Fifth Av., E, N, R*

PRAVDA [129 D1]

Unbedingt den Walnussmartini probieren. *281 Lafayette St. (Prince St.) |*

Tel. 1212-226-4944 | Subway: Prince St., N, R

SMITH & MILLS [128 B2]

In einem alten Kutscherhaus werden jetzt Cocktails gemixt. Kleine und ausgefallene, charmante Kneipe. *71 N Moore St. | Tel. 1212-219-8568 | Subway: Franklin St., 1*

TOP OF THE TOWER ⟡ [134 C1] Inside Tip

Im 26. Stock des Beekman Tower Hotels lockt ein wunderschöner Blick über den East River. *3 Mitchell Place | zw. 49th St. u. First Av. | Tel. 1212-980-4796 | Subway: 51 St., 6*

XAI XAI [137 D4]

Südafrikanische Snacks zu südafrikanischen Weinen. Gut besucht. *365 W 51 St. | Tel. 1212-541-9241 | Subway: 50 St., C, E*

▬ BROADWAY & MUSICALS ▬

250 Theaterbühnen gibt es in New York. Doch das Interesse des Publikums konzentriert sich in erster Linie auf ★ *Broadwaymusicals.* 10 Mio. Tickets werden pro Jahr verkauft. Die Broadwaytheater liegen fast alle in einem Viertel, dem Theater District. Viele Stücke sind Dauerbrenner, „Das Phantom der Oper" läuft seit 20 Jahren. Ob die Hitshow „Mamma mia" oder „Billy Elliot", die rührende Geschichte eines jungen Balletttänzers – es findet sich für jeden etwas. Programmübersichten bieten die *New York Times* (Fr u. So), das *New York Magazine* und *The New Yorker* mit Kurzkritiken. Montags sind die meisten Häuser geschlossen. Mittwochs, samstags und sonntags finden häufig Nachmittagsvorstellungen statt.

CLUBS & POP/ROCK

Orientierung über die aktuellen Adressen liefern *New York, Time Out, Village Voice*. In punkto Livemusik findet man im *New Yorker* und im C-Teil der *New York Times* am Freitag

Bowery und Chrystie St. | Tel. 1212-533-2111 | www.boweryballroom.com | Subway: Delancey St., F

BOWERY ELECTRIC [133 E6]

Dieser Club an der Bowery veranstaltet Rockkonzerte, DJs legen auf.

Laue Sommerabende genießt man auf der Terrasse der Pen-Top Bar

Tipps. Infos zu Clubs bietet *www.ny. com*. Die meisten Lokale verlangen eine *Cover Charge (CC*: Preis für ein Gedeck). Im Touridress haben Sie keine Chance, in Abendgarderobe schon eher. Am besten bei mehreren Clubs probieren – die Geschmäcker der Türsteher sind verschieden.

BOWERY BALLROOM ▶▶ [129 E2]

Aufstrebende Indie-Bands und unabhängige Altstars wie Patti Smith wechseln sich hier auf der Bühne ab. *CC $ 10–50 | 6 Delancey St. | zw.*

327 Bowery | Tel. 1212-228-0228 | www.theboweryelectric.com | Subway: Bleeker St., 6

CIELO [132 B3]

Weltklasse-DJs machen die Nacht zur Party. *CC $ 5–25 | 18 Little W 12th St. | Tel. 1212-645-5700 | www.cieloclub.com | Subway: 14 St./ Eighth Av., A, C, E, L*

THE LIVING ROOM [129 E–F2] Insider Tipp

Beliebter Club mit Wohnzimmeratmosphäre. Norah Jones tritt hier

JAZZ & BLUES

manchmal auf. *154 Ludlow St. | Tel. 1212-533-7235 | www.livingroomny. com | Subway: Second Av., F*

MARQUEE [132 C1]
Ob funky House Music, Hip-Hop oder Techno-Remixes, es groovt. *CC $ 20 | 289 Tenth Av. | Ecke 26th St. | Tel. 1646-473-0202 | www.marquee ny.com | Subway: 23 St., C, E*

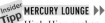

MERCURY LOUNGE ▶▶ [129 F2]
Hip! Hier suchen Nachwuchsbands den Durchbruch. *CC $ 8–15 | 217 E*

New York, Stadt des Jazz

Houston St. (Essex St.) | Tel. 1212-260-4700 | Subway: Second Av., F

PIANOS [129 E-F2]
Statt teurer Konzertkarten kann man in der Musikkneipe an der Lower East

Side das Geld in Getränke investieren und der Livemusik umsonst oder für wenig Geld lauschen. *158 Ludlow | Tel. 1212-505-3733 | www.pianos nyc.com | Subway: Second Av., F*

PINK ELEPHANT [132 C1]
Partytime im *dance hotspot* in Chelsea. Türsteher kann ein Problem sein! *527 W 27th St. | Tel. 1212-463-0000 | www.pinkelephantclub.com | Subway: 23 St., C, E*

LE POISSON ROUGE [132 C6]
Der Nachtclub mit der besten Musik in Manhattan – laut Wochenzeitung *Village Voice. 156 Bleeker St. | Tel. 1212-505-3474 | www.lepoissonrou ge.com | Subway: West 4 St., A-F*

S.O.B.'S [132 B6] Insider Tipp
Für tanzlustige Leute mit Sinn für karibische und brasilianische Musik, Salsa und Reggae. *CC $ 10–40 | 204 Varick St. (Houston St.) | Tel. 1212-243-4940 | www.sobs.com | Subway: Houston St., 1*

WARSAW CLUB ▶▶ [131 F1–2] Insider Tipp
Einer der *hotspots* der Stadt für Rock, Indie und Punk. Nur nicht am Samstag, dann tanzen hier Paare ab 40 Polka. Es ist nämlich der polnische Heimatverein. *CC ab $ 10 | 261 Driggs Av. (Eckford St.) | Greenpoint/ Brooklyn | Tel. 1718-387-0505 | www. warsawconcerts.com | Subway: Lorimer St., L*

■ JAZZ & BLUES ■
Die beste Übersicht für diese Musikstile: im Weekendteil der *New York Times* am Freitag (*Pop and Jazz Guide | www.nytimes.com*).

> *www.marcopolo.de/newyork*

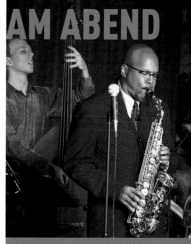

Höchste Töne: Village Vanguard

THE BLUE NOTE [132 C5]

Der berühmte Club mit den bekanntesten Musikern ist zwar recht überlaufen, aber die Musik ist nach wie vor vom Feinsten. Reservierung nötig! *CC $ 25–75 | 131 W 3rd St. (Sixth Av.) | Tel. 1212-475-8592 | Subway: W 4 St., A–F*

DIZZY'S CLUB COCA COLA ★ [137 E3]

Die Crème de la Crème des Jazz im Club des Lincoln Center. *Eintritt $ 10–35 plus $ 10 Mindestverzehr | 10 Columbus Circle | Tel. 1212-258-9595 | www.jalc.org | Subway: 59 St.–Columbus Circle, A-D, 1*

KNICKERBOCKER BAR & GRILL [133 D5]

insider app

Holzgetäfelte Bar mit Musik ausgezeichneter Pianisten und Bassisten *(nur Fr, Sa ab 21.45 Uhr, vorher anrufen). CC $ 3 | 33 University Pl. (9th St.) | Tel. 1212-228-8490 | Subway: Astor Place, 6*

KNITTING FACTORY ★ [128 C3]

Avantgarde- oder traditioneller Jazz und alternativer Rock und Pop. Der legendäre Club ist nach Williamsburg/Brooklyn umgezogen. *CC $ 8–30 | 361 Metropolitan Av. | Tel. 347-529-6696 | www.knittingfactory. com | Subway: Bedford Av., L*

SMALL'S ▶▶ [132 C5]

Hervorragender Jazz bis 4 Uhr früh. *CC $ 20 | 183 W 10th St. (Seventh Av.) | Tel. 1212-252-5091 | www.smalls jazzclub.com | Subway: Christopher St., 1*

THE VILLAGE VANGUARD [132 C4]

Ein gepflegter Jazzclub mit erstklassigen Interpreten in Greenwich Village. *CC $ 35 inkl. Drink, keine Kreditkarten | 178 Seventh Av. | (11th St.) | Tel. 1212-255-4037 | www.villagevan guard.com | Subway: 14 St., 1–3*

■ KINO & FILM ■

Die neuesten Filme laufen oft in mehreren Premierenkinos gleichzeitig. Aktuelles Kinoprogramm: *New York Times* und *New York Post* sowie die Wochenmagazine *New York Magazine* und *The New Yorker.*

■ KONZERT ■

In der *Avery Fisher Hall* im Lincoln Center spielen die New Yorker Philharmoniker. In der *Alice Tully Hall,* ebenfalls im Lincoln Center, wechselt sich die Chamber Music Society of Lincoln Center mit begabten Studenten der Julliard School of Music und berühmten Gastinterpreten ab. New Yorks zweiter großer Konzertsaal (2760 Sitze) ist die *Carnegie Hall.* Dank seiner Akustik wird er häufig für Aufnahmen genutzt.

New York wäre nicht New York ohne seine Veranstaltungen im Sommer unter freiem Himmel. „Mostly Mozart" und „Classical Jazz" sind Konzertreihen im Innenhof des Lincoln Center. Die Met und die Philharmoniker geben Konzerte in Parks, darunter je vier im Central Park – die meisten Zuschauer picknicken vorher auf der Konzertwiese. *Termine: Lincoln Center | Tel. 1212-546-2656 | www.lincolncenter.org*

AVERY FISHER HALL ⭐ [137 D–E2]
Lincoln Center | Broadway/62nd St. | Tel. 1212-875-5030 | www.nyphil.org | Subway: 66 St., 1

Insider Tipp BARGEMUSIC 🎵 [129 E5]
Kammermusik auf einem Schiff mit Manhattan-Blick. *Do–Sa 20, So 15 Uhr | Fulton Ferry Landing, Brooklyn | Tel. 1718-624-4061 | www.barge music.org | Subway: Clark St., 2, 3*

CARNEGIE HALL [137 E4]
Bühne für weltbekannte Musiker und Orchester. *Backstagetouren Mitte Sept.–Juni Mo–Fr 11.30, 12.30, 14, 15, Sa 11.30 u. 12.30, So 12.30 Uhr | Eintritt $ 10 | 57th St. | (Seventh Av.) | Tel. 1212-247-7800 | www.car negiehall.org | Subway: 57 St., N, R*

Insider Tipp PARLOR ENTERTAINMENT [145 D1]
Jeden Sonntag lädt Marjorie Eliot um 16 Uhr zum Jazzkonzert in ihr Wohnzimmer in Harlem. Kein Eintritt, freiwilliger Obolus. *555 Edgecombe Av. (160th St.), Apt. 3F | Tel. 1212-781-6595 | Subway: 163 St., Cv*

▓ OPER & BALLETT ▓▓▓▓▓▓▓
New York hat zwei große Opernhäuser, die Metropolitan Opera und die New York City Opera. Die Met ist Legende, alle Stars von Weltruf wollen auf die Bühne im Lincoln Center. Die glänzende New York City Opera hat sich einem innovativen Repertoire verschrieben und wagt es, den US-Nachwuchs zu präsentieren.

Auch im Ballett herrscht Rivalität: Das prominentere *American Ballet Theatre* (ABT, *www.abt.org*) tritt gegen das *New York City Ballet (www.nycballet.com)* an, das eher unbekannteren Künstlern eine Chance gibt.

CITY CENTER ⭐ [137 E4]
131 W 55th St. | zw. Sixth und Seventh Av. | Tel. 1212-581-7907 | www.nycity center.org | Subway: 57 St., N, R

DAVID H. KOCH THEATER [137 E2]
New York City Opera und New York City Ballet im früheren New York State Theater. *Lincoln Center | Broadway/62nd–66th St. | Tel. 1212-870-5570 | www.nycopera.com | www.nycballet.com | Subway: 66 St., 1*

JOYCE THEATER [132 C3]
175 Eighth Av. | (19th St.) | Tel. 1212-242-0800 | www.joyce.org | Subway: 18 St., 1

METROPOLITAN OPERA ⭐ [137 E2]
Oper und American Ballet theatre. *Lincoln Center | Broadway/62nd–66th St. | Tel. 1212-362-6000 | www.metopera.org | Subway: 66 St., 1*

TISCH SCHOOL OF THE ARTS [129 E1] Insi Ti
Erstklassigen Tanznachwuchs können Sie an der Tisch School of the Arts entdecken. *$ 5 (Spende) | Termine: http://dance.tisch.nyu.edu | 111 Second Av., 5. Stock | Subway: Second Av., F*

Kathedrale der Kultur: Die weltbekannte Met residiert im Lincoln Center

■ THEATER & OFF-BROADWAY

APOLLO THEATER [145 D2]

Theater aus dem Jahr 1914, in dem jeden Mittwoch junge Amateurentertainer auftreten. *253 W 125th St. | Tel. 1212-531-5305 | www.apollo-thea ter.com | Subway: 125 St., 1*

BLUE MAN GROUP [133 D5–6]

Dauerbrenner-Performanceshow, die die Kunstszene auf die Schippe nimmt. *Astor Place Theatre, 434 Lafayette St. (Astor Place) | www.blue man.com | Subway: Astor Place, 6*

BROOKLYN ACADEMY OF MUSIC (BAM) ★ [144 C4]

Theater- und Performancebühne: Philip Glass, Robert Wilson und Laurie Anderson inszenierten schon für das Haus. *30 Lafayette Av. | zw. St. Felix und Ashland Pl., Brooklyn | Tel. 1718-636-4100 | www.bam.org | Subway: Atlantic Av., 2–5, B, D, Q*

FUERZABRUTA [133 E4] Insider Tipp

Aus Buenos Aires kommt diese energiegeladene, beeindruckende Wassershow. *Daryl Roth Theatre: 103 E 15th St. | Tel. 1212-239-6200 | www.fuerzabruta.net | Subway: 14 St.–Union Square, L, N, Q, R, 4–6*

JOSEPH PAPP PUBLIC THEATER ★ [133 D5–6]

Mehrere Bühnen, auf denen u. a. zeitgenössische Shakespeare-Interpretationen gegeben werden. In *Joe's Pub* (Tel. 1212-539-8770) treten Interpreten wie Ute Lemper auf. *425 Lafayette St. (Astor Place) | Tel. 1212-967-7555 | www.publictheater.org | Subway: Astor Place, 6*

THE KITCHEN [132 B2]

Wichtiges Zentrum für Performance, Tanz- und Videokunst. *512 W 19th St. | zw. Tenth und Eleventh Av. | Tel. 1212-255-5793 | www.thekitchen.org | Subway: 23 St., C, E*

> HOTELS FÜR JEDEN GESCHMACK

Mit der Wahl der Unterkunft bestimmen Sie den geografischen
Mittelpunkt Ihrer Unternehmungen

> **In einer Stadt mit hohen Immobilienpreisen sind gute Quartiere für wenig Geld eine Rarität. Hotelzimmer für unter $ 100 pro Nacht sind kaum noch zu haben, der Durchschnitt liegt bei $ 300 bis 400.**
Zusätzlich zu den vielen Touristen sorgen Geschäftsreisende mit Spesenkonto dafür, dass alle Häuser belegt sind. Jeder New-York-Reisende sollte deshalb früh reservieren – am besten online, denn da gibt es die günstigsten Tarife. Die Zimmerpreise schwanken saisonal, günstiger übernachten Sie in den Monaten Januar, Februar, Juli und August. Bei der Hotelwahl sollte immer auch die Lage ein Kriterium sein. Von Midtown Manhattan aus etwa sind viele Ziele wie Theater, Museen und Geschäfte bequem zu Fuß zu erreichen. In Downtown Manhattan locken Restaurants und Szenebars.

Wie in den USA üblich, werden die Übernachtungspreise pro Zimmer an-

Bild: Gershwin Hotel

ÜBER NACHTEN

gegeben und nicht pro Person. Wohnen zwei Leute in einem Raum *(double)*, so kostet es meist nicht mehr als ein *single.* Zu beachten ist: Auf die Nettopreise werden noch 13,375 Prozent Übernachtungs- sowie $ 3,50 Zimmersteuer pro Tag aufgeschlagen. Die Zimmer verfügen meist über ein Doppelbett, seltener über zwei Einzelbetten. Die Bettenkonstellation bestellen Sie am besten im Voraus.

Zur Mindestausstattung der Zimmer in den hier ausgewählten Hotels gehören Klimaanlage, eigenes Bad, Fernsehgerät und Telefon. Für Ihr Handy können Sie einen Telefonchip in einem der vielen Telefonläden kaufen. Die meisten Hotels bieten mittlerweile auch drahtlosen Internetzugang an. Preisnachlässe werden oft auf Sommer- und Wochenendbuchungen sowie auf Langzeitaufenthalte gewährt. In Europa gebuchte

Pauschalarrangements mit Flug sind meist preiswerter.

Am Anreisetag muss ein Zimmer bis 18 Uhr bezogen sein, damit die Reservierung nicht verfällt. Wer später eintrifft, kündigt das am Tag der Ankunft besser rechtzeitig telefonisch an *(late arrival)*. Eine Hotelreservierung per Kreditkarte gilt als bindend. Das Zimmer muss am Abreisetag bis 12 Uhr geräumt sein. Dem Zimmermädchen steht ein Trinkgeld zu, und zwar mindestens $ 5, bei längerem Aufenthalt in einfacheren Hotels $ 1, in besseren $ 2 pro Tag. Es ist ratsam, keine Wertsachen im Zimmer aufzubewahren. An der Rezeption können Sie ein Schließfach mieten.

In guten Hotels hilft einem der Concierge bei Reservierungen in gefragten Restaurants und besorgt Eintrittskarten für Theater oder Oper. Die Touristeninfo informiert unter *www.nycgo.com* über Sonderangebote. Es lohnt sich, bei der Buchung die Angebote großer Hotelketten wie Best Western oder Ramada auf Sonderpreise zu durchforsten.

Hotelinformationen und -buchungen über das Internet unter: *www.hotelsnewyork.com | www.new-york-city-hotel-specials.com | www.new york-reise.de | www.freenewyork hotelguide.com*

▨ HOTELS €€€ ▨

6 COLUMBUS [137 E3]

Das Haus für Liebhaber von Design und Luxus – gehalten im 1960er-Jahre-Look – steht direkt am Central Park und nah am Lincoln Center. *88 Zi. | 6 Columbus Circle | Tel. 1212-204-3000 | www.thompsonhotels.com*

| Subway: 59 St.–Columbus Circle, A–D, 1

BOWERY HOTEL ▶▶ [129 E1]

Das 135-Zimmer-Haus liegt an der angesagten Lower East Side. Inter-

Für Nachtschwärmer: Hotel Gansevoort

netanschluss, marokkanische Fliesen, Kamine und orientalische Teppiche machen dieses Designhotel im Downtown-Trubel attraktiv. *335 Bowery | Tel. 1212-505-9100 | www.the boweryhotel.com | Subway: Second Av., F; Bleeker, 6*

CROSBY STREET HOTEL ▶▶ [129 D1]

Das neue, angesagte Hotel in SoHo liegt an einer Kopfsteinpflasterstraße, auf dem Dach befindet sich ein Garten.. *86 Zi. | 79 Crosby St. | Tel. 1212-226-6400 | www.crosbystreet hotel.com | Subway: Prince St., R, Spring St., 6*

HOTEL GANSEVOORT ▶▶ [132 B3]

187 großzügige Zimmer im Meatpacking District – mitten im Nachtleben. Essen im Garten, *Bar Plunge* im Haus, Pool auf dem Dach. *18 Ninth Av. (13th St.) | Tel. 1212-206-6700 | www.hotelgansevoort.com | Subway: 14 St./Eighth Av., A, C, E, L*

THE GREENWICH HOTEL [128 B2]

Modern, edel, geschmackvoll. Robert De Niro hat mit viel Gespür fürs Detail ein elegantes Hotel in TriBeCa eröffnet. *75 Zi., 13 Suiten | 377 Greenwich St. | Tel. 1212-941-8900 | www.thegreenwichhotel.com | Subway: Franklin St., 1*

THE HOTEL ON RIVINGTON ★ [129 E2]

Das passende Hotel zum Lower-East-Side-Boom. Auf 21 Etagen paaren sich in diesem Glasturm minimalistisches Dekor und Hightech. Fein gegessen wird im *Levant East. 110 Zi. | 107 Rivington St. | zw. Essex und Ludlow St. | Tel. 1212-475-2600 | www.hotelonrivington.com | Subway: Delancey St., F, J, M, Z*

HUDSON HOTEL ★ [137 D–E3]

Zwei Bars und das Restaurant *Hudson Cafeteria* sind laute Treffpunkte. Beschaulicher: das Frühstück im Innenhof. *1000 Zi. | 356 W 58th St. | zw. Eighth und Ninth Av. | Tel. 1212-554-6000 | www.hudsonhotel.com | Subway: 59 St.–Columbus Circle, A–D, 1*

THE MARRIOTT MARQUIS ☆ [137 D5]

Futuristischer Bau mit viel Glas. Das Restaurant *The View* in 47. Stock dreht sich um die eigene Achse und bietet auch jenen, die nicht dort wohnen, einen fantastischen Ausblick. Mit

MARCO POLO HIGHLIGHTS

★ **Hotel Thirty-Thirty**
Unaufgeregt, gut gelegen und dazu auch noch bezahlbar (Seite 94)

★ **Murray Hill Inn**
Günstige Lage, günstiger Preis (Seite 96)

★ **Hotel Grace**
Times Square um die Ecke, Pool in der Lobby (Seite 93)

★ **WJ Hotel**
Für Kultur- und Naturfreunde: zwischen Theatern und Central Park (Seite 95)

★ **The Hotel on Rivington**
Das pulsierende Herzstück von Manhattans In-Viertel, der Lower East Side (Seite 91)

★ **Herald Square Hotel**
Beliebtes Hotel am Nabel Manhattans (Seite 96)

★ **Milburn**
West-Side-Komfort in der unteren Preislage (Seite 94)

★ **Gershwin**
Schlicht, grell und eine durchaus günstige Bleibe (Seite 95)

★ **Hudson Hotel**
Blick über den Hudson inmitten von coolem Design (Seite 91)

★ **The Harlem Flophouse**
Am Puls von Harlem, schnell in Manhattan (Seite 96)

dem prix-fixe-Menü (*$ 59, ab 18.30 Uhr $ 69*) erschwinglich. *1886 Zi. | 1535 Broadway | zw. 45th und 46th St. | Tel. 1212-398-1900 | www.ny marriottmarquis.com | Subway: 42 St./Times Square, N, R, 1–3*

SOHO GRAND [128–129 C–D2]
Mitten in SoHo, die meisten der nicht allzu großen Zimmer mit Blick auf die Stadt. Im Haus das Restaurant *The Gallery*, die lebhafte Grand Bar und im Hof *The Yard*, das schnell zu einer Lieblingsbar der Szene wurde. *369 Zi. | 310 W Broadway (Grand St.) | Tel. 1212-965-3000 | www.sohogrand. com | Subway: Canal St., N, R*

THE STANDARD [132 B3]
Hotelier André Balazs' Haus im hippen Meatpacking District bietet Hud-

sonblick und cooles Design. *337 Zi. | 848 Washington St. | Tel. 1212-645-4646 | www.standardhotels.com/new-york-city | Subway: 14 St., A, C, E*

W [138 A–B 5–6]
Wohlfühl-Designerhotel – die Inneneinrichtung ist an die vier Naturelemente angelehnt. *688 Zi. | 541 Lexington Av. (50th St.) | Tel. 1212-755-1200 | www.whotels.com | Subway: 51 St., 6*

■ **HOTELS €€**
ACE HOTEL [133 E2]
Hipster-Hotel in preislicher Mittelklasse. Originell und definitiv angesagt. *260 Zi. | 20 W 29th St. | Tel. 1212-679-2222 | www.acehotel.com | Subway: 34 St.–Herald Square, B, D, F, N, Q, R*

> LUXUSHOTELS
Exquisites Wohnen und Übernachten

THE CARLYLE [138 C2]
Der viktorianischen Zeit nachempfundenes Dekor. Nach Auffassung des Gastrokritikers Tim Zagat „vermutlich das bestgeführte Hotel New Yorks". *198 Zi. | DZ ab ca. $ 755 | 35 E 76th St. (Madison Av.) | Tel. 1212-744-1600 | www.thecarlyle. com | Subway: 77 St., 6*

THE PENINSULA [138 A4]
Stilvoll mit asiatischen Antiquitäten ausgestattet. In den oberen Etagen luxuriöser Fitnessclub und ﹅ Pool mit Aussicht auf Wolkenkratzer. Auf dem Dach die *Pen-Top Bar (S. 82)*. *240 Zi. | DZ ab ca. $ 650 | 700 Fifth Av. (55th St.) | Tel. 1212-956-2888 | www.peninsula.com | Subway: Fifth Av., E, N, R*

RITZ-CARLTON
BATTERY PARK ﹅ [128 A5]
New Yorks erstes Luxushotel mit Blick auf den Hafen. Abends richtet das Zimmermädchen das Teleskop auf die Freiheitsstatue. *298 Zi. | DZ ab $ 450 | 2 West St. | Tel. 1212-344-0800 | www. ritzcarlton.com | Subway: South Ferry, 1, Bowling Green, 4, 5*

THE ST. REGIS [138 A4]
Das 1904 erbaute Jugendstilstadthaus von John Jacob Astor ist nach über 100 Jahren ein Wahrzeichen der New Yorker Hotelszene. *256 Zi. | DZ ab ca. $ 1195 | 2 E 55th St. | (Fifth Av.) | Tel. 1212-753-4500 | www.stregis.com/ newyork | Subway:*

BEACON ⚘ [140 B6]

Altes Apartmenthotel auf der Upper West Side mit großen Räumen, ab 20. Stock Blick auf den Central Park. *244 Zi. | 2130 Broadway | zw. 74th und 75th St. | Tel. 1212-787-1100 | www. beaconhotel.com | Subway: 72 St., 1–3*

BELVEDERE HOTEL [137 D4]

Seit 1928 lockt das Art-déco-Hotel mit seiner idealen Lage in Midtown

Side zu erkunden. Mit Dachgarten. *42 Zi. | 151 E Houston St. | Tel. 1212-777-0012 | www.east-houston-hotel.-com | Subway: Second Av., F, Broadway-Lafayette, B, D, F*

HOTEL GRACE ⭐ [137 D5]

Ein Hotel mit *style:* Die Zimmer sind simpel und gut, das Frühstück gibt's dazu, und der Pool ist die ganze Nacht zum Schwimmen geöffnet. *140 Zi. |*

Ein Klassiker und eines der teuersten Hotels der Stadt: The St. Regis

die Gäste an. Das hauseigene Café bietet ein Frühstücksbüfett, die Zimmer haben sogar kleine Küchenzeilen. *320 Zi. | 319 W 48th St. | zw. Eighth und Ninth Av. | Tel. 1212-245-7000 | www.belvederehotelnyc.com | Subway: 50 St., C, E*

HOTEL EAST HOUSTON [129 E1]

Das moderne, bezahlbare Hotel liegt ideal, um die Szene der Lower East

125 W 45th St. | zw. Sixth und Seventh Av. | Tel. 1212-354-2323 | www.room-matehotels.com | Subway: Rockefeller Center, B, D, F

INK48 ⚘ [136 B4]

Das neue Boutiquehotel hat einen Traumblick über den Hudson. *222 Zi. | 652 Eleventh Av. | Tel. 1212-757-0088 | www.ink48.com | Subway: 50 St., C, E, 1*

HOTELS €€

THE JANE HOTEL ☀ [132 B4]

Die Aussicht auf den Hudson wird geteilt, genauso wie die Bäder. Bettwäsche gibt es nur einmal pro Woche neu. EZ $ 99, DZ $ 250 (Privatbad), Wochenpreis erfragen. *211 Zi. | 113 Jane St. | zw. Washington und West St. | Tel. 1212-924-6700 | www.thejane-nyc.com | Subway: 14 St., A, C, E, L*

HOTEL 31 [133 F2]

Die erwachsene Schwester des Hotel 17 ist komfortabler und ein bisschen teurer. *60 Zi. | 120 E 31st St. | zw. Lexington und Park Av. | Tel. 1212-685-3060 | www.hotel31.com | Subway: 33 St., 6*

HOTEL THIRTY-THIRTY ⭐ [133 F2]

Günstig gelegen, Preis-Leistungsverhältnis sehr gut – was will man mehr bei der Suche nach der idealen Unterkunft in New York? *350 Zi. | 30 E 30th St. | zw. Park und Madison Av. | Tel. 1212-689-1900 | www.thirtythirty-nyc.com | Subway: 28 St., 6*

MARRAKECH HOTEL [141 D2]

Upper West Side-Hotel mit kleinen Zimmern, die Internetzugang bieten. Orientalisch-marokkanische Gemütlichkeit. *127 Zi. | 2688 Broadway | (103rd St.) | Tel. 1212-222-2954 | www.marrakechhotelnyc.com | Subway: 103 St., 1*

MILBURN ⭐ [140 B6]

Das Haus liegt in der besten Wohngegend an der Upper West Side. Die 2-Zimmer-Suiten sind modern und praktisch und mit Kochnischen eingerichtet. Familienfreundlich. *112 Einheiten 242 W 76th St. | (West End Av.) | Tel. 1212-362-1006 | www.milburn hotel.com | Subway: 72 St., 1–3*

RAMADA INN EASTSIDE [133 F3]

Das Hotel gehört zur Hotelkette *Apple Core* (Tel. 1212-790-2710), die über insgesamt fünf einfache, aber saubere Häuser verfügt. Das Frühstück ist inklusive. *100 Zi. | 161 Lexington Av. (30th St.) | Tel. 1800-*

Charmante Zimmer zum annehmbaren Preis bietet das Carlton Arms

625-5980 | www.applecorehotels.com | Subway: 28 St., 6

RED ROOF INN [133 E2]
Ein Roof mit insgesamt drei F: familienfreundlich, Frühstück inklusive, Fitnesscenter. *171 Zi. | 6 W 32nd St. | zw. Fifth Av. und Broadway | Tel. 1212-643-7100 | www.redroof.com | Subway: 34 St.–Herald Square, B, D, F, N, Q, R*

STAY THE NIGHT [141 F5]
Die oberen drei Stockwerke dieses Brownstone-B&Bs wurden in Suites, Apartments und Einzelzimmer umgewandelt. Am Central Park, Nähe Guggenheim und Metropolitan Museum. *7 Zi. | 18 E 93rd St. | Tel. 1212-722-8300 | www.staythenight.com | Subway: 96 St., 6*

WASHINGTON SQUARE [132 C5]
Im Greenwich Village gelegen. Sauber, sehr gutes Preis-Leistungsverhältnis. Sonntags Jazzbrunch. *160 Zi. | 103 Waverly Place | (MacDougal St.) | Tel. 1212-777-9515 | www.washingtonsquarehotel.com | Subway: W 4 St., A–F, Q*

WJ HOTEL ★ [137 D4]
Frisch renoviert. Klar, modern, angenehm. Tageskarte für das *Gold's Gym NYC* $ 15. *127 Zi. | 318 W 51st St. | zw. Eighth und Ninth Av. | Tel. 1212-246-7550 | www.wjhotel.com | Subway: 50 St., C, E*

▪ HOTELS €

CARLTON ARMS [133 F3]
Wer mehr als einen Tag bleibt, muss sein Bett selbst machen: Für $ 130 (ab $ 110 mit geteiltem Bad) gibt's leicht angestaubte, aber charmante Zimmer. Kein TV. *52 Zi. | 160 E 25th St. | zw. third und Lexington Av. | Tel. 1212-679-0680 | www.carltonarms.com | Subway: 23 St., 6*

CHELSEA LODGE [132 C3]
Kleines Hotel in charmantem Altbau: Ein Ehepaar vermietet DZ ab $ 150 im quirligen Chelsea. *22 Zi. | 318 W 20th St. | Tel. 1212-243-4499 | www.chelsealodge.com | Subway: 23 St., C, E*

THE CHELSEA STAR HOTEL [133 D1]
1A für junge Leute mit knappem Budget. Etwas teurer: die *superior rooms* samt DVD-Player. *30 Zi. | Schlafsaal ab $ 35, DZ mit Gemeinschaftsbad ab $ 110, DZ mit Bad ab $ 190 | 300 W 30th St. | (Eighth Av.) | Tel. 1212-244-7827 | www.starhotelny.com | Subway: 34 St., A, C, E*

COMFORT INN CENTRAL PARK WEST [137 E1]
Joggingschuhe einpacken: Das Hotel liegt ganz in der Nähe des Parks und hat einen Fitnessraum. Frühstück gratis. *85 Zi. | 31 W 71st St. | zw. Columbus Av. und Central Park West | Tel. 1212-721-4770 | www.comfortinn.com | Subway: 72 St., C, B, 1–3*

GERSHWIN ★ [133 E3]
150 einfache und saubere Zimmer in einer Gegend, die durch gute Restaurants und Geschäfte aufgewertet wurde. Mehrbettzimmer mit geteiltem Bad ab $ 39 (zehn Leute) oder $ 49 (4–6 Leute). *7 E 27th St. | zw. Madison und Fifth Av. | Tel. 1212-545-8000 | www.gershwinhotel.com | Subway: 28 St., 6*

THE HARLEM FLOPHOUSE ⭐ [144 C2]
Das charmant renovierte Stadthaus wirkt fast wie eine Galerie, weil sein Besitzer Rene Calvo Kunst aus Harlem sammelt. 4 gemütliche Zimmer, zwei Bäder, allein $ 100, zu zweit $ 150. *242 W. 123rd St. | zw. Frederick Douglass Blvd. und Seventh Av. | Tel. 1212-662-0678 | www.harlemflophouse.com | Subway: 125 St., A–D*

HERALD SQUARE HOTEL ⭐ [133 E2]
Hier hatte früher das Magazin Life seine Redaktion. Heute eines der beliebtesten günstigen Hotels. *120 Zi. | 19 W 31st St. | zw. Fifth Av. und Broadway | Tel. 1212-279-4017 | www.heraldsquarehotel.com | Sub-*

>LOW BUDGET

> Einige Agenturen bieten Apartments an. Die kleinen Wohnungen sind eine gute Alternative zum anonymen Hotelzimmer, weil sie billiger und wohnlicher sind. Angebote bei *New York Habitat (Tel. 1212-255-8018 | www.nyhabitat.com), City Lights (Tel. 1212-737-7049 | www.city lightsbandb.com), Affordable New York (Tel. 1212-533-4001 | www. affordablenewyorkcity.com)* oder bei *http://roomorama.com. Zweisprachig bedient Sie Petra Loewen (Tel. 1718-373-2226 | www.aptpl.com)*

> Über die Website einzelner Hotels oder von Buchungsagenturen sind Übernachtungen oft günstiger zu bekommen. *www.hoteldiscount. com oder www.quickbook.com*

> Private Angebote finden Sie unter *http://newyork.craigslist.org*

way: 34 St.–Herald Square, B, D, F, N, Q, R

HOTEL NEWTON [140 C3]
Gutes Preis-Leistungs-Verhältnis. Schlicht, sauber und freundlich. *110 Zi. | 2528 E Broadway (95 St.) | Tel. 1212-678-6500 | www.thehotelnewton.com | Subway: 96 St., 1–3*

HOTEL 17 [133 F5]
Einfaches Hotel für junge Leute. Gemeinschaftsbad. *120 Zi. | 225 E 17th St. | zw. Second und Third Av. | Tel. 1212-475-2845 | www.hotel17ny.com | Subway: Union Square, 4–6, N, R*

MORNINGSIDE INN [141 D1]
Einfache, saubere Zimmer in einem renovierten Haus, das den Charme des alten New York versprüht. *85 Zi. | extra Wochen- und Monatspreise | 235 W 107th St. | zw. Broadway und Amsterdam Av. | Tel. 1212-316-0055 | www.morningsideinn-ny.com | Subway: 110 St., 1*

MURRAY HILL INN ⭐ [133 F3]
Unaufgeregt, klein und sehr günstig. *45 Zi. | 143 E 30th St. | zw. Lexington und Third Av. | Tel. 1212-683-6900 | www.nyinns.com | Subway: 33 St., 6*

OFF SOHO SUITES [129 E2]
Ideales Quartier, um Downtown zu erleben. Eigene Küche. *38 Zi. | 11 Rivington Street | zw. Bowery und Chrystie St. | Tel. 1212-979-9815 | www.off soho.com | Subway: Second Av., F*

POD HOTEL [138 B6] *Inside Tipp*
Frisch renoviert. Kleine, preiswerte Zimmer in günstiger Lage auf der East Side. *156 Zi. | 230 E 51st St. | zw.*

Einfacher, aber günstiger Schlafplatz in einer der teuersten Städte der Welt: Hotel 17

Second und Third Av. | Tel. 1212-355-0300 | www.thepodhotel.com | Subway: 51st St., 6

■ FÜR JUNGE LEUTE ■

CENTRAL PARK HOSTEL [141 E3]

New Yorks 200 günstigste Betten sind unschlagbar im Preis: $ 32 bis $ 95 für zwei bis acht Leute. *19 W 103rd St. | zw. Central Park W und Manhattan Av. | Tel. 1212-678-0491 | www.centralparkhostel.com | Subway: 103 St., B, C*

CHELSEA CENTER [133 D1]

Für nur $ 35 die Nacht teilt man sich mit fünf oder sieben anderen Gästen ein Schlafzimmer und bekommt dazu noch ein kleines Frühstück. Die deutsche Managerin Heidi verteilt die Gäste auf die Zimmer an der Lower East Side und in Chelsea. *Zentrale: Chelsea Center West, 313 W 29th St., zw. 8th u. 9th Av. | Tel. 1212-260-0961 | www.chelseacenterhostel.com | Subway: 23 st, C, E; 28th St., 1*

HOSTELLING INTERNATIONAL [141 D2]

Einfach, sauber und günstig: Ein Bett im 6er-Zimmer gibt es bereits ab $ 30. *624 Betten, 5 EZ, 154er-Zi. | 891 Amsterdam Av. | zw. 103rd und 104th St. | Tel. 1212-932-2300 | www.hinewyork.org | Subway: 103 St., 1*

PINK OFF THE PARK [142 B2]

Nur für weibliche Gäste. Zimmer für vier bis acht. Küche, Internet, Waschküche. Preis ab $ 19. Zweites Haus Pink in the City. *156 Zi. | 137 W 111th St. | Tel. 1646-371-9369 | www.pinkhostels.com | Subway: 110 St.–Central Park North , 2, 3*

VANDERBILT YMCA [138 B6]

Das YMCA hat Häuser in allen Stadtteilen. Alle haben Einer- bis Viererzellen, z.T. ohne eigenes Bad.. *370 Betten | Preis ab EZ $ 100, DZ $ 120, besondere Preise/Woche | 224 E 47th St. | zw. Second und Third Av. | Tel. 1212-912-2500 | www.ymcanyc.org | Subway: Grand Central, 4–7*

ZU BESUCH AUF DEM MARS

Ein Restaurant wie eine Raumstation, Teddybären nach Wunsch oder ein Kurs in der Trapezschule – New York erfüllt Kinderträume

NEW YORK AQUARIUM [144 C5]
Ein Ausflug nach Coney Island zum Aquarium mit seinen Haien, Robben und Pinguinen ist ein echtes Erlebnis. *Öffnungszeiten variieren nach Jahreszeit | 602 Surf Av. | Ecke West 8th St.Brooklyn | Eintritt Erwachsene $ 17, Kinder $ 13 | www.nyaquarium.com | Subway: West 8 St., F, Q*

BRONX ZOO [145 E1]
Viele der mehr als 4200 Tiere werden in großen Freigehegen gehalten. Gleich daneben: der *New York Botanical Garden. Mo–Fr 10–17, Sa, So 17.30, Ende Okt.–Ende März bis 16.30 Uhr | Bronx Park | 2300 Southern Boulv./Corona Parkway | Eintritt: Erwachsene $ 15, Kinder $ 11 (Mi freiwillig) | www.bronxzoo.org | Bus: BxM 11, Liberty Lines, Haltestellen an der Madison Av., Subway: Pelham Parkway, 2 Express Brooklyn*

BUILD-A-BEAR [138 A6]
Hier werden Teddybären nach Kinderwunsch maßgeschneidert. Statt Bär kann es auch ein Pinguin, Hund oder Tiger werden. *565 Fifth Av. | Ecke 46th St. | www.buildabear.com | Subway: 50 St., B, D, F*

CHILDREN'S MUSEUM OF ART [129 D2]
Kinder bis zwölf Jahre schaffen hier eigene Kunstwerke. *Mi, Fr–So 12–17, Do 12–18 Uhr | 182 Lafayette St. | Eintritt: $ 10 | Tel. 1212-941-9198 | www.cma ny.org | Subway: Spring St., 6, Canal St., N*

CHILDREN'S MUSEUM OF MANHATTAN [140 C5]
Hier gibt es u.a. ein Fernsehstudio, in dem Kinder die Wettervorhersage sprechen oder Filme schneiden können. *Di–So 10–17 Uhr | 212 W 83rd St. | Eintritt: $ 10 | Tel. 1212-721-1234 | www.cmom.org | Subway: 86 St., 1*

DISCOVERY ROOM [140 C6]
Das American Museum of Natural History bietet 5- bis 12-Jährigen einen interaktiven Erlebnisraum: Mineralien sammeln, Insekten suchen, mikroskopie-

>MIT KINDERN UNTERWEGS

ren. *Tgl. 10–17.45 Uhr | 79th St. | Central Park West | Eintritt: Erwachsene $ 16, Kinder $ 9 | www.amnh.org/ education/youth/discovery.html | Subway: 81 St., B, C*

DYLAN'S CANDY BAR [138 B4]
Insider Tipp
Süßigkeiten ohnegleichen auf zwei Etagen. *1011 Third Av. | Ecke 60th St. | Tel. 1646-735-0078 | www.dylanscandybar. com | Subway: Lexington Av./59 St., N, R,, 4–6*

MARS 2112 [137 D4]
Ein Besuch auf dem Planeten Mars gefällig? In diesem Restaurant toben Kinder durch eine Raumstation – Star Trek mit Hamburger. *Tgl. 12–21 Uhr | 1633 Broadway/Ecke 50th St. | Tel. 1212-582-2112 | www.mars2112.com | Subway: 50 St., 1 | €€*

ROOSEVELT ISLAND DRAHTSEILBAHN [138 C4]
Alle 15 Minuten schwebt eine Drahtseilbahn nach Roosevelt Island über den East River. *6–2.30 Uhr | Eingang: 59th St. und Second Av. | Preis $ 2,25 | www.ny.com/ transportation/ri_tramway.html | Subway: Lexington Av./59 St., N, R,, 4–6*

TOP OF THE ROCK [137 E5]
Fast 260 m hoch liegt die Aussichtsterrasse mit Scheiben statt Zaun für den ungestörten Panoramablick aus dem 70. Stock des Rockefeller Center. Eine Ausstellung und ein Film verkürzen das Warten auf dem Weg nach oben. *Tgl. 8–24 Uhr | 30 Rockefeller Plaza | Eingang 50th St. | Eintritt $ 21 | Tel. 1212-698-2000 | http://topoftherocknyc.com | Subway: 47-50 St., B, D, F*

TRAPEZSCHULE [132 A6]
Insider Tipp
Abenteuerlustige Kinder können eine Trainingsstunde absolvieren. *Mo–Do 13.15–22.30 Uhr, Fr–So 8.30–22.30 Uhr | Hudson River Park, Höhe Houston St. | Preis: $ 47 für 2-stündigen Kurs mit 10 Schülern, $ 65 am Wochenende | Tel. 1212-242-8769 | www.newyork.trapezeschool.com | Subway: Canal St., A, C, E, 1*

> ZU FUSS DURCH NEW YORK

Keine andere amerikanische Stadt ist so für ausgedehnte Spaziergänge gegeignet wie die Metropole am Hudson

Die Spaziergänge sind auf dem hinteren Umschlag und im Cityatlas grün markiert

1 FREMDE WELTEN

Exotik im Kleinen und zeitgenössische Kunst bietet dieser Spaziergang durch SoHo, Little Italy, Chinatown und East Village (Dauer: ca. sechs Stunden).

Startpunkt für den Downtown-Bummel ist der Washington Square Park *(S. 36)* mit seinem Triumphbogen, Treffpunkt für die Studenten der benachbarten New York University (NYU), ein Gelände, das noch im 18. Jh. als Friedhof diente. Sie kreuzen die Bleecker Street, vor 40 Jahren das Mekka der Folkmusik, heute Magnet für junge Leute. Die Route führt über die West Houston Street hinein in eines der architektonisch reizvollsten Viertel der Stadt: SoHo *(S. 31)* mit seinen *cast-iron*-Gebäuden, die als mehrstöckige Fabriken, Läden und Lagerhäuser entstanden. In den 1960er-Jahren wurden sie von Künst-

Bild: Promenade am East River

STADT SPAZIERGÄNGE

lern und Studenten entdeckt und zu großen Lofts umfunktioniert. Eines der typischen Ergebnisse dieser gewandelten Nutzung finden Sie in der Spring St. 101, Ecke Mercer Street. Hier lebte der Bildhauer Donald Judd. Die Sammlung mit Werken von Judd, Dan Flavin, Claes Oldenburg u.a. ist nach Verabredung geöffnet *(Tel. 1212-219-2747)* und soll zum Museum werden. Durchqueren Sie den Kiez mit seinen schmalen Straßen,

Boutiquen, attraktiven Restaurants und Cafés entlang der Spring Street und kreuzen Sie die Greene Street – mit ihrem Kopfsteinpflaster das eindrucksvolle Überbleibsel eines anderswo in der Metropole längst übertünchten Stadtbilds.

Der Broadway *(S. 31)* bietet Ihnen vor allem jede Menge Shopping-Attraktionen: den Prada-Laden *(Nr. 575)*, designt von Architekt Rem Koolhaas, den Store der Kultmarke

Puma *(Nr. 521, S. 76)* und Dean & DeLuca *(S. 71),* den Gourmetladen.

Weiter auf der Spring Street bewegen Sie sich auf den Spuren heutiger New Yorker Prominenz. Ein Tipp für die, die Filmstars und Models sehen möchten, ist das Bistro Balthazar. Sobald Sie die Mulberry Street erreichen, haben Sie nicht mehr das Gefühl, in New York zu sein: Die Ziegelhäuser sind nur fünf Stockwerke hoch, kein Wolkenkratzer ist zu sehen. Dies ist die Hauptstraße von Little Italy *(S. 31),* einer gemütlich wirkenden Anhäufung italienischer Restaurants – doch Little Italy kämpft ums Überleben.

Denn Chinatown *(S. 31),* ursprünglich von der Canal Street *(S. 32)* begrenzt, breitet sich immer weiter nach Norden aus. Apropos Canal Street: Diese Ost-West-Achse ist nach wie vor das unumstrittene Zentrum der großen chinesischen Fisch-, Fleisch- und Gemüsehändler. Wer nicht in einem der vielen Restaurants essen möchte, lässt sich bei fliegenden Händlern Kostproben servieren.

Links in der Bowery verliert sich die asiatische Atmosphäre allmählich. Und sobald Sie über die Grand Street (witzig: das dreistöckige Kaufhaus Pearl River Mart *(S. 72)* zur Orchard Street gelaufen sind, betreten Sie ein anderes Viertel im Wandel: Die Lower East Side *(S. 34)* wird schick.

Nördlich der Houston Street hören die Kontraste bei Weitem nicht auf. Die Avenue A und der Tompkins Square Park im Herzen des East Village *(S. 34)* waren in den 1960er-Jahren Hochburg der Hippie-, in den späten 1970er-Jahren der Punk-Rock-Szene. Heute leben hier viele Nachwuchs-

künstler, aber auch immer mehr junge Banker und Anwälte. Die Atmosphäre ist russisch-ukrainisch – was sie in Veselka *(S. 36)* auch schmecken können, bei köstlichen, mit Frischkäse gefüllten Pfannkuchenspezialitäten namens *Blintzes.* Auf dem Weg zum St. Marks Place *(S. 36)* begegnen Ihnen die East-Village-Bewohner mit ihrem ungezwungenen Lifestyle.

2 DOWNTOWN ENTDECKT SICH NEU

Dieser Rundgang an der Südspitze von Manhattan führt Sie zur Freiheitsstatue und zur Brooklyn Bridge. Außerdem zum Ground Zero, der World Trade Center Site, wo sich die Geschichte der Stadt verändert hat (Dauer: ca. sechs Stunden).

Vom Municipal Building *(S. 27)* geht der Weg, vorbei an den Verwaltungsgebäuden von Federal Plaza, zum Duane Park. Wo sich heute Antiquitätenläden angesiedelt haben, bekommen Sie einen Eindruck davon, wie die Kaufleute 1795 an der Südspitze Manhattans lebten.

Durch die Chambers Street geht es zum Broadway, von dort nach Süden bis zur City Hall *(S. 26).* Das Rathaus von New York, erbaut zwischen 1803 und 1812, ist heute zu klein für die Stadtverwaltung, aber der Bürgermeister sitzt noch hier. Er schaut u.a. auf das Woolworth Building *(Broadway, zw. Barclay Street und Park Place)* mit der Kupferkuppel.

An der Vesey Street liegt St. Paul's Chapel *(S. 29),* Manhattans einzige Kirche aus der Kolonialzeit. Die kleine Kapelle ist nach dem Anschlag auf das World Trade Center eine wichtige Anlaufstelle für erschöpfte Helfer und für Trostsuchende gewesen. Durch die Vesey Street kommen Sie zur World Trade Center Site, dem Ground Zero *(S. 27)*, wo bis zum 11. September 2001 die Türme des Centers täglich Tausende Besucher anlockten. An der Ecke zur Church Street ist die Path Train Station. Von hier ist die Sicht auf den Neuaufbau am besten.

Dann gehen Sie die Church Street Richtung Süden, vorbei an der Trinity Church, die sich zwischen die hohen Häuser des Finanzdistrikts duckt. Noch in der zweiten Hälfte des 19. Jhs. war sie das höchste Gebäude Manhattans (80 m) und Wegweiser für einlaufende Schiffe.

Kurz vor dem südlichen Ende des Broadways scharrt der berühmte Bulle aus Bronze, der den Optimisten an der Wall Street ihren Namen verpasst hat, ungeduldig mit den Hufen.

Von Battery Place und First Place ist der 🔆 Blick von der mit Bäumen bestandenen Promenade Richtung Süden reizvoll. Hier können Sie die Statue of Liberty *(S. 29)*, Ellis Island *(S. 27)* und die Verrazano Bridge auf ein Foto bannen. Den freien (Gratis)blick auf Lady Liberty garantiert auch eine Fahrt mit der Staten Island Ferry *(S. 29)*, die vom Terminal am anderen Ende des Battery Parks aus ablegt.

Doch zurück zum Battery Place, wo Sie das Skyscraper Museum *(S. 29)* finden. Von dort geht's weiter zum Robert Wagner Jr. Memorial Park mit dem Museum of Jewish Heritage *(S. 28)*. Unweit liegt Castle Clinton, in dem bis 1860 die Einwanderer in die Neue Welt abgefertigt wurden und wo Sie

Gratiskreuzfahrt mit Blick auf Lady Liberty mit der Staten Island Ferry

heute die Tickets für den Ausflug nach Ellis Island kaufen, die Insel, die ab 1860 Durchgangsstation der Immigranten war. Eine andere Fähre fährt von hier nach Liberty Island, wo New Yorks Wahrzeichen – die Freiheitsstatue – die Fackel emporreckt.

Durch den Battery Park geht es zum Alexander Hamilton Customs House, dem ehemaligen Zollgebäude am Bowling Green, in dem sich das National Museum of the American Indian *(S. 29)* befindet. Dann tauchen Sie ein in die Welt der Broker und Makler. An der Kreuzung Broad Street/Pearl Street gelangen Sie zunächst zur Fraunces Tavern, Gaststätte seit 1763. Von der Pearl Street biegen Sie nach links in die Wall Street *(S. 30)* ein, Synonym für das Geschehen in der internationalen Finanzwelt. An der Broad Street liegt der Eingang zur Börse, der Stock Exchange *(S. 30)*, die aber für Besucher geschlossen ist.

Über die Pine Street geht es zum Chase Manhattan Plaza, dem ersten Wolkenkratzer der 1960er-Jahre im *international style*. Davor können Sie Skulpturen von Jean Dubuffet betrachten. Vorbei an der Federal Reserve Bank of New York kreuzen Sie auf der Maiden Lane die Water Street, die im 19. Jh. von Bars und Bordellen flankiert war. Am Ende wartet der South Street Seaport, Shopping Mall und Treff nach Büroschluss. Wer nicht verweilen mag, findet in der Park Row den Aufgang zur Brooklyn Bridge *(S. 25)*. Auf der 1883 gebauten Hängebrücke, damals als achtes Weltwunder bejubelt, haben Fußgänger und Radfahrer ihren eigenen Weg, erhöht über dem Straßenverkehr in der Mitte. Besonders in der Dämmerung lohnt sich der Spaziergang, wenn sich das Licht in den gläsernen Fassaden der Wolkenkratzer fängt.

Eindrucksvoll ist der ägyptische Tempel im Metropolitan Museum of Art

■ STADTSPAZIERGÄNGE

3 VOM BESTEN DAS MEISTE

🚶 **Kultur, Geld und Geschmack und ein Ausflug in den Central Park – bei diesem Spaziergang sehen Sie New York von seiner feinsten Seite (Dauer: ca. sechs Stunden).**

Prometheus steht im Zentrum von Manhattan, inmitten eines riesigen Büro- und Shoppingkomplexes, durch den täglich eine Viertelmillion Menschen geschleust werden. Das Zentrum trägt nicht den Namen des griechischen Titanen, sondern den seines reichen Erbauers John D. Rockefeller, der 1929 die 14 Gebäude namens Rockefeller Center (S. 41) zwischen 48th und 51st Street und Fifth und Sixth Avenue in Auftrag gab. Die goldene Skulptur gehört zu den dekorativen Schauplätzen im Schatten des GE Building (S. 41). Von hier lohnt sich der Gang Richtung Norden mit einem Abstecher zum altehrwürdigen Kaufhaus Saks Fifth Avenue (Nr. 611) mit seiner riesigen Kosmetikabteilung. Hier können Sie sich an einem der Stände von einer Visagistin das Make-up der Saison machen lassen.

Einstimmung auf große internationale Namen, die sich an New Yorks Flanierboulevard aneinanderreihen: Couturiers wie Versace (Nr. 647), Cartier (Nr. 653), Kaufhäuser wie Takashimaya (Nr. 693, S. 72) und Markenartikler wie Gap (Nr. 680). An der 55th Street biegen Sie rechts ab, vorbei am The St. Regis Hotel (S. 92), und schlendern auf der Madison Avenue gen Norden – durch die Lobby des Sony Building (S. 42), wo der Elektronikkonzern auch ein Museum (Sony Wonder Technology Lab)

betreibt. Im Kaufhaus Bergdorf Goodman (S. 72) und im Spielzeuggeschäft F.A.O. Schwarz (S. 75) sollten Sie mindestens die Eindrücke eines Bummels durch die Erdgeschossetagen mitnehmen. Vom (Shopping-)Trubel erholen können Sie sich beim Ausflug in die grünen Weiten des Central Park (S. 46), und wenn Sie Ihre Füße schonen wollen, lassen Sie sich dort im Pferdewagen kutschieren (20 Min. $ 35).

Die Route führt Richtung 72nd Street W, wo John Lennons Witwe Yoko Ono vor dem Dakota Building (S. 47) zur Erinnerung an den Beatles-Musiker einen Garten anlegen ließ – die berühmten Strawberry Fields. Am 8. Dezember 1980 war der Popstar vor dem Gebäude von einem geistig verwirrten Fan erschossen worden. Quer durch den Park erreichen Sie die obere Fifth Avenue, an der sich die luxuriösesten Wohnungen der Stadt und ein Teil der interessantesten Museen der Welt befinden. So die Frick Collection (S. 47) an der Ecke 70th Street, sie versteckt sich in einem eleganten Townhouse aus der Wende vom 19. zum 20. Jh.

Die Madison Avenue zeigt sich von ihrer feinsten Seite – mit Boutiquen amerikanischer und europäischer Designer. Ab der 80th Street empfiehlt sich die Rückkehr in die Fifth Avenue, wo das Metropolitan Museum of Art (S. 49) mit seiner riesigen Freitreppe auf Sie wartet. An der 86th Street bietet die Neue Galerie (S. 51) deutsche und österreichische Kunst sowie Wiener Kaffeehauskultur. Drei Blocks weiter stehen Sie dann vor dem Gebäude des Guggenheim Museums (S. 47), dem großen Wurf des Architekten Frank Lloyd Wright.

EIN TAG IN NEW YORK

Action pur und einmalige Erlebnisse.
Gehen Sie auf Tour mit unserem Szene-Scout

DEFTIGES FRÜHSTÜCK

9:00

Typisch New York! Ein Bagel mit Cream Cheese und Lachs sorgt für den richtigen Start in den Tag. Die beste Adresse dafür ist *H & H Bagels*. Also nichts wie hin und schmecken lassen. Yummie! **WO?** *2239 Broadway | Tel. 1212-595-8003 | www.hhbagels.com*

10:00

RADTOUR

Gestärkt geht's zum Central Park. New Yorks grüne Lunge erkundet man am besten mit dem Fahrrad – aufsteigen und in die Pedale treten! Immer dem Guide hinterher geht's vorbei an Strawberry Fields, Shakespeare Garden und Bootshaus – Anekdoten inklusive! Pflichtstopp am höchsten Punkt des Parks: Belvedere Castle erhebt sich wie ein verwunschenes Märchenschloss auf einem Hügel! **WO?** | *Anmeldung und Treffpunkt unter Tel. 1212-541-8759 | Kosten: $49/2 Std. inkl. Mountainbike | www.centralparkbiketour.com*

VIP WATCHING

12:00

Hunger? Dann ab ins *Pastis*. Der Franzose ist unter New Yorks VIPs mächtig angesagt. Platz erkämpfen, Zwiebelsuppe bestellen und nicht wundern, wenn vor den Fenstern plötzlich Paparazzi auftauchen. Schließlich könnte am Nebentisch ein Promi sitzen. Tipp: Digicam für Beweisfotos bereithalten! **WO?** *9 Ninth Av. | Tel. 1212-929-4844 | www.pastisny.com*

13:00

SPLISH SPLASH

Einen der größten Stars der Stadt bekommen Sie allerdings erst jetzt zu sehen. Mit dem Sightseeing-Boot der NYC Ducks geht es – die Skyline immer im Blick – übers Wasser des Hudson Ribver zu New Yorks First Lady, der Freiheitsstatue. **WO?** *NYC Ducks, Treffpunkt: Pier 78, 38th St. | Anmeldung unter Tel. 888-838-2570 | Kosten: ab $ 26 | www.coachusa.com/nycducks | Winter geschl.*

24h

IT'S SWING TIME

15:30

Es muss ja nicht gleich der Broadway sein, aber eine gute Figur auf dem Parkett machen ist in – der Tanzlehrer bei *Dance Manhattan* zeigt, wie's geht! Also glatte Schuhe an und ab auf die Tanzfläche – da können Fred Astaire und Ginger Rogers einpacken! **WO?** *39 W 19th St. | Anmeldung unter Tel. 1212-807-0802 | Kosten: ab $ 83/55 Min. | www.dancemanhattan.com*

17:00

TEDDY UND CO.

Jetzt heißt es kreative Großstadtluft schnuppern. Im *Little Shop of Crafts* können Sie selbst kleine Kuscheltierchen zaubern oder sich anderweitig künstlerisch betätigen. Ein perfektes Andenken oder Mitbringsel für die Daheimgebliebenen. **WO?** *431 E 73rd St. | Anmeldung unter Tel. 1212-717-6636 | Kosten: $ 29 | www.littleshopny.com*

FOOD & FUN

21:00

Ab ins Greenwich Village! Der legendäre *Comedy Cellar* wartet – hier traten schon Chris Rock und Jerry Seinfeld auf. Zurücklehnen und die Show genießen. Anschließend in der *Olive Tree Bar* Burger und Bier bestellen. Mit ein wenig Glück schauen auch die Künstler, die gerade noch auf der Bühne standen, vorbei und sind bereit für ein Autogramm. **WO?** *117 Mac Dougal St. | So–Do | Reservierung unter Tel. 1212-254-3480 | Kosten: ab $10 |www.comedycellar.com |*

24:00

AB INS NACHTLEBEN

Die Nacht ist noch jung und die Beine wollen tanzen! Hip-Hop und House stehen im angesagten Nightclub *Lotus* auf dem Programm. Zuerst einen Wassermelonen-Martini schlürfen, dann ab auf die Tanzfläche und die Welt um sich herum vergessen. **WO?** *409 W 14th St. | Tel. 1212-243-4420 | www.lotusnewyork.com*

> RAUS AUS DER GROSSSTADT

Nur ein paar Autostunden von New York entfernt treffen Sie auf eine ganz andere Welt

1 DAS GRÜNE TAL DES HUDSON RIVERS

Die Landschaft ist hügelig, bewaldet und grün, mittendrin fließt der Hudson River. Deutsche und Holländer haben den Landstrich kultiviert, an sie erinnern Orte wie Germantown, Rhinebeck und Rhinecliff. Am besten erkunden Sie den Hudson River mit dem Mietwagen. Für die 400 km lange Tour sollten Sie zwei Tage veranschlagen.

Bild: Vanderbilt Mansion

Von New York folgen Sie Route 9 Richtung Norden nach Tarrytown und Kykuit. In Kykuit ist das pompöse Rockefeller Estate *(Mai–Anf. Nov. Mi bis Mo | Eintritt $ 23 | www.hudson valley.org)* mit der Kunstsammlung des ehemaligen Vizepräsidenten Nelson B. Rockefeller sehenswert. Weiter nördlich, in Hyde Park, können Sie die 54-Zimmer-Renaissance-Mansion von Frederick W. Vanderbilt *(Route 9 | tgl. 9–17 Uhr | www.nps.gov/vama)*,

AUSFLÜGE & TOUREN

und das Anwesen des Ex-Präsidenten Franklin D. Roosevelt *(Route 9 | tgl. 9–17 Uhr | www.nps.gov/hofr)* besichtigen. Hyde Park, fast zwei stunden mit dem Auto von Manhattan entfernt, beherbergt auch das Culinary Institute of America, wo der beste Kochnachwuchs des Landes in einem ehemaligen Jesuitenseminar in vier Restaurants exzellente Menüs zubereitet. Besucher des kulinarischen Hotspots müssen im Voraus reservieren *(Route 9 | Tel. 1845-471-6608 | www.ciachef. edu | €–€€€)*.

Auch sonst ist das Tal des Hudson River kein kulinarisches Niemandsland. Links und rechts verstecken sich Weingüter, die in dem feuchtwarmen Klima gute, trockene Weißweine ausbauen *(z.B. Millbrook Vineyards in Millbrook nördlich von Route 44 | tgl. 12–17 Uhr | Tel. 1845-677-8383 | www.millbrookwine.com)*. Das Städtchen Millbrook liefert das passende

Insider Tipp

altamerikanische Straßenbild und eine gute Auswahl in Sachen Essen und Trinken.

Zurück zum Fluss geht es nach Rhinebeck, ebenfalls einem Bilderbuchstädtchen, gegründet 1686. Im Beekman Arms, *(6387 Mill St.| Tel. 1845-876-7077 | www.beekmandelamaterinn.com | €– €€)* dem ältesten Hotel Amerikas gibt es bodenständige Küche mit feiner Note und dazu 77 Zimmer in zwölf Gebäuden. Einen Besuch lohnt auch die französische Patisserie Calico *(6384 Mill St.).*

Nördlich von Rhinebeck liegt das Örtchen Red Hook mit seinen Trödel- und Obsthändlern. Im Herbst besonders pittoresk: die Kürbissammlung von Greig Farm *(223 Pitcher Lane | Tel. 1845-758-1234 | www.greigfarm. com).* In der Warren Street in der Stadt Hudson liegt ein Antiquitätenladen neben dem anderen. Die Rip van Winkle Brücke führt über den Hudson River in die Catskill Mountains. Im Herbst ist die Farbenpracht des Indian Summer hier spektakulär.

Route 9W führt wieder zurück nach Manhattan, durch Saugerties. Mitten in dem schläfrigen Ort liegt das Café Tamayo, in einer Taverne von 1864, in der die alte Bar noch erhalten ist. Spezialitäten des Hauses: Ente und Fasan. Wer dazu etwas trinken will, kann die Nacht im zugehörigen Inn verbringen *(4 Zi. | ab $ 125 | 89 Partition St. | Tel. 1845-246-9371 | www.cafetamayo.com | €€€).*

Von dort führt der Weg zu weiteren geschichtsträchtigen Schauplätzen: George Washingtons Hauptquartier im Unabhängigkeitskrieg *(Museumsöffnungszeiten erfragen | Eintritt $ 4 | 84 Liberty St. | Tel. 1845-562-1195)* und die berühmte Kadettenschule West Point *(Visitor Center tgl. 9–16.45 Uhr | Tour per Bus $ 12 | Ausweis mitnehmen! Tel. 1845-446-4724 | www.usma.edu).* Die Militärakademie mit herrlichem Blick auf

Museum und romantische Herberge: Saugerties Lighthouse

den Hudson ist eine der großen Touristenattraktionen.

2 DÜNEN, STRÄNDE, VILLEN: DIE HAMPTONS

Es gibt zwei Sorten von New Yorkern: Die eine besitzt ein Haus in den Hamptons oder mietet es den Sommer über für Preise ab $ 5000 pro Monat. Die andere träumt bescheiden davon, wenigstens die Ferien in einem der alten, weißen Holzhäuser zu verbringen. Unweit von kilometerlangen Stränden und der sanften Atlantikbrandung gibt es gemütliche Dorfzentren mit, schmalen Straßen, versonnenen Spaziergängern, Boutiquen und Cafés. Für diese 320 km lange Route benötigen Sie mindestens zwei Tage.

Wie fast immer in Amerika kommen Sie am besten per Mietwagen voran. Doch es gibt Alternativen: den Hampton Jitney, einen Bus *($ 53 hin und zurück | Reservierung empfohlen | Tel. 1631-283-4600 | www.hampton jitney.com)*, und die Long Island Railroad, eine aufreizend gemütliche Eisenbahn *(ab $ 16,75, Abfahrtszeiten 1718-217-5477, www.mta.info/lirr)*, die mehrmals täglich die vielen kleinen Orte bedient. Dort angekommen bewegen Sie sich am besten per Mietfahrrad fort *(z.B. Bermuda Bikes, Mo, Fr/Sa 10–17, So 10–16 Uhr, East Hampton, Tel. 1631-324-6688, http://bermudabikes.com)*.

„Hamptons" bezeichnet den 50 km langen Landstrich am Ostende von

Long Island mit den Orten Westhampton, Hampton Bays, Southampton, Bridgehampton und East Hampton sowie Sag Harbor, Sagaponack, Amagansett und Montauk. In den Hamptons scheint die Zeit stehengeblieben zu sein. Gerade einmal zweieinhalb Auto- oder Eisenbahnstunden von New York entfernt, finden Sie Sommertemperaturen um 30 Grad, eine sanfte Brise, Sinn für Geschichte, gutes Essen und eine Kultiviertheit, die schon immer Prominente von Robert De Niro bis Steven Spielberg angelockt hat.

Als Einstieg empfiehlt sich Bridgehampton, zu erreichen mit dem Auto über I 495, dann Route 27 (Montauk Highway), wo Sie auf der Main Street von einem Antiquitätengeschäft ins nächste spazieren. Nicht versäumen sollten Sie den Besuch beim *Wölffer Estate,* wo der Hamburger Gutsbesitzer und sein badischer Kellermeister hervorragende Chardonnays und Merlots produzieren *(tgl. 11–17 Uhr | 139 Sagg rd.| Tel. 1631-537-5106 | www.wolffer.com).* Der Montauk Highway führt als nächstes nach East Hampton, wo sich reiche New Yorker schon gegen Ende des 19. Jhs. die ersten Holzpaläste mit grauen Schindeln und weißen Säulen, Bögen und Türmchen in die einsame Dünenlandschaft setzten. Man spielte auf makellosem Rasen Krocket, trank Eistee und genoss in weißen Korbsesseln die frische Brise.

Das können Sie auch heute noch, z.B. im Maidstone *(19 Zi. | 207 Main St. | Tel. 1631-324-5006 | www.themaidstone.com | €€€),* einem Inn aus dem 18. Jh. mit attraktivem Restaurant. An der Main Street und an der

Newtown Lane liegen die schönsten Geschäfte der Insel. Was los ist, erfahren Sie im *East Hampton Star.* Und natürlich auch, welcher Prominente sich gerade für wie viele Tausend Dollar in welcher Straße für den Sommer eingemietet hat, was im Kino läuft, wo man sein Popcorn eventuell neben Christy Turlington und Barbra Streisand verzehrt, oder wann die Ausstellungseröffnungen im Parrish Art Museum *(Mo, Do–Sa 11–17, So 13–17 Uhr | 25 Job's Lane | Southampton | Eintritt $ 5, www.par rishart.org)* stattfinden, ein gesellschaftliches Ereignis ersten Ranges.

Über die Further Lane geht es nach Amagansett, was in der Sprache der Algonquin-Indianer „Ort des klaren Wassers" heißt: Frühstück im Farmer's Market ist ein Muss. Weiter geht es nach Montauk, dessen Leuchtturm 1797 im Auftrag des ersten US-Präsidenten George Washington erbaut wurde, nachdem er den Unabhängigkeitskrieg gewonnen hatte. Hier, am östlichsten Punkt der Landzunge Long Island, haben Sie das Gefühl, am Ende der Welt zu sein.

Dass es sich um ein ehemaliges Fischerdorf handelt, ahnt man noch bei Gosman's *(Gosman's Dock | Tel. 1631-668-5330 | €€)* an der Flamingo Road. Das Restaurant ist eine der Attraktionen des Ortes, denn hier landet der Fang des Tages, kaum ausgeladen, schon auf dem Tisch. Vor der Küste von Montauk wird hervorragender Thunfisch gefangen, der so gut ist, dass er mitunter bis nach Japan geflogen wird. Auch der Hummer ist von hoher Qualität. Wer sich nicht wieder trennen kann: Das Hotel Panoramic View *(117 Zi., DZ ab $*

175 | 272 Old Montauk Highway | Tel. 1631-668-3000 | www.panoramicview.com | €€) liegt direkt am Strand.

Zurück führt die Route über den Heimatort von Künstlern und Literaten, B. Smith, Sag Harbor, dessen Walfängerhistorie Sie im *Whaling Museum (Mai bis Okt. Mo–Sa 10–17, So 13–17 Uhr, besser vorher anrufen | Main Street | Tel. 1631-725-0770 | Eintritt $ 5 | www.sagharborwhalingmuseum.org)* begegnen. Bei B. Smith *(1 Bay St.| Tel.*

Sept. | 20 Zi. 35 Shore rd. | Tel. 1631-749-2001 | www.sunsetbeachli.com | €€)* liegt direkt am Strand und hat ein gemütliches Restaurant.

Letzter Stopp: North Fork, der nördliche Arm der Landzunge Long Island. Von Shelter Island landen Sie per Fähre in Orient Point. In North Fork ist der Trubel noch nicht angebrandet, die Bauern haben ihr Land noch nicht an besitzhungrige New Yorker verkauft. Es gibt kleine Farmen (die frischen Produkte kaufen Sie an *farm*

Sommerlich-entspanntes Strandleben in den Hamptons vor der Stadt

1631-725-5858 | €€) sitzen Sie danach mit Blick auf die Segelboote, genießen abends die untergehende Sonne und den Blick auf die gesellschaftliche Szene.

Fast beschaulich spielt sich das Leben in Shelter Island ab, das per Fähre erreichbar ist – früher war es Refugium für Piraten, heute ist es Naturschutzgebiet für Seeadler samt Villen für gestresste New Yorker. Alles ist ein bisschen gedämpfter, nicht so schick wie in den Hamptons. Sunset Beach *(Mitte Mai bis Mitte*

stands rechts und links der Route 25) und neuerdings auch etliche Weingüter *(z. B. Pellegrini in Cutchogue | tgl. 11–17 Uhr | 23005 Main rd.| Tel. 1631-734-4111 | www.pellegrinivineyards.com). Der catch of the day* schmeckt am besten direkt am Wasser, z. B. in The Seafood Barge *(62980 Main rd., Southold | Tel. 1631-765-3010 | €).*

Ausführlichere Informationen – nicht nur rund um die Hamptons – finden Sie im MARCO POLO Band USA Neuengland/Long Island.

ANREISE

FLUGZEUG

Die meisten Auslandsflüge kommen auf dem *John-F.-Kennedy-Flughafen (JFK)* in Queens an. Am *Ground Transportation Center* bei der Gepäckausgabe buchen Sie den Shuttlebus des New York Airport Service nach Manhattan *(alle 20–30 Min. | Fahrzeit 60–75 Min. | $ 15, hin und zurück $ 27 | Tel. 1718-875-8200 | www.nyairportservice.com)*.

Das Taxi braucht 60 bis 75 Min., kostet von JFK nach Manhattan pauschal $ 45 *(flat rate)* zzgl. Brückenmaut *(toll)* und 15–20 Prozent Trinkgeld *(tip)*, zurück nach JFK ca. $ 50. Achtung: Nehmen Sie nur die offiziellen Taxis, die gelben Yellow Cabs! Am günstigsten ist die U-Bahn. Sie nehmen vor dem Terminal den Airtrain *(Fahrzeit 12 Min. | $ 5 | www. panynj.gov)* bis zur Station Howard Beach, dort in den A-Train nach Manhattan umsteigen *(Metro Card $ 2,25 | Fahrtzeit ca. 1,5 Stunden)*. Auf dem Rückweg: Nur die Züge „A" in Richtung Far Rockaway/Mott Avenue oder Rockaway Park Beach nehmen (bis zur Station Howard Beach–JFK Airport). Oder mit dem Airtrain bis zur Station Jamaica, umsteigen in die Long Island Rail Road *(Fahrzeit 35 Min. | $ 12)* – staufrei bis zur Penn Station. Ideal, falls Sie zur *rush hour*, der Hauptverkehrszeit, abreisen.

PRAKTISCHE HINWEISE

Wenn Sie in *Newark (EWR)* in New Jersey landen: Olympia-Trails-Bus nach Midtown Manhattan *(alle 15–20 Min. | Fahrzeit 60 Min. | $ 13–16 | Tel. 1212-964-6233)*. Oder: Air Train bis NJ Transit oder Amtrak, dann zur Penn Station *(Fahrzeit 45–60 Min. | $ 11–15 | www.airtrain newark.com)*. Taxi: 60 Min., ca. $ 60 plus Trinkgeld, $ 15 Zuschlag von New York aus.

Nationale Flüge enden zumeist auf dem *La Guardia Airport (LGA)* in Queens. Bus: NY Airport Express *(Fahrzeit ca. 50 Min. | $ 10)*. Express Shuttle *(Fahrzeit ca. 60 Min. | nach Manhattan $ 13)*. Taxi: 45 Min., ca. $ 30 plus Trinkgeld.

AUSKUNFT

NYC'S OFFICIAL CENTER MIDTOWN

Tipps von Hotels bis Sightseeing, auch in Deutsch. City Pass erhältlich *($ 79)*, verbilligt Eintrittspreise! *(Mo–Fr 8.30–18, Sa, So 9–17 Uhr | 810 Seventh Av./53rd St.* [137 E4]*, Tel. 1212-484-1222 | www.nycgo.com | auf Deutsch: www.newyork.de | Subway: 50 St., 1)*. Die Filiale *NYC Heritage Tourism Center* liegt an der Südspitze des City Hall Park *(Mo–Fr 9–18, Sa, So 10–17 Uhr | Broadway/Park Row* [128 B4] *| Subway: Brooklyn Bridge/City Hall, 4–6 N, R)*.

NY STATE DIVISION OF TOURISM

Interessante Infos auf Deutsch: *www. nylovesu.de*

WAS KOSTET WIE VIEL?

> ESPRESSO	1,70 EURO	in der Stehbar für eine Tasse Espresso
> HOTDOG	1,50 EURO	für einen Hotdog
> KINO	AB 9 EURO	für eine Karte
> SOFT DRINK	1,80 EURO	für Mineralwasser/ Cola
> TAXI	CA. 7 EURO	für eine Kurzfahrt (2 Meilen)
> SUBWAY	1,60 EURO	für eine U-Bahn-Karte

TIMES SQUARE INFORMATION CENTER [137 D5]

Infos, *metrocards*, Broadwaytickets und Briefmarken. *Tgl. 8–20 Uhr | 1560 Broadway, zw. 46th und 47th St. Tel. 1212-869-1890 | www.times squarenyc.org | Subway: 42 St., N, R, 1–3, 7*

DIPLOMATISCHE VERTRETUNGEN

DEUTSCHES GENERALKONSULAT

Mo–Fr 9–12 Uhr | 871 UN Plaza/First Av., zw. 48th und 49th St. | Tel. 1212-610-9700 | Subway: 51 St., E, F, 6

ÖSTERREICHISCHES GENERALKONSULAT

Mo–Fr 9–12 Uhr | 31 E 69th St., zw. Madison und Park Av. | Tel. 1212-737-6400 | Subway: 68 St., 6

SCHWEIZER GENERALKONSULAT

Mo–Fr 8.30–12 Uhr | 633 Third Av., zw. 40th und 41st St. | Tel. 1212-599-5700 | Subway: Grand Central, S, 4–7

▩ EINREISE ▩

Benötigt wird ein maschinenlesbarer Reisepass, der für die Dauer des Aufenthalts gültig ist. Vor Reiseantritt sind Sie verpflichtet, online ein Formular auszufüllen *(https://esta.cbp.dhs.org)*, Reisebüros können helfen. U.a. muss die erste US-Adresse (Hotel, Mietwagenstation) angegeben werden. Deutsche, Österreicher und Schweizer können sich als Touristen oder Geschäftsreisende bis zu 90 Tage ohne Visum in den USA aufhalten, wenn sie mit einer regulären Flug- oder Schifffahrtsgesellschaft ankommen und ein Rückflugticket, das höchstens 90 Tage gültig ist, vorweisen *(www.usa.de* oder *www.us-botschaft.de)*.

▩ GELD ▩

1 Dollar = 100 Cent. Scheine *(bills)* gibt es in den Stückelungen 1, 5, 10, 20, 50, 100 Dollar. Münzen *(coins)* in den Stückelungen 1, 5, 10, 25, 50

❯ BÜCHER & FILME

Gute Tagebücher und Files im Internet

❯ **25 stunden** – In dem Drama von Spike Lee durchstreift ein verurteilter Drogendealer mit zwei Freunden die Stadt, bevor er seine Haftstrafe antreten muss. Kritisch betrachtet er sein Leben und zieht Bilanz, während er die Hotspots der City anläuft.

❯ **Gangs of New York** – Der monumentale Film von Martin Scorsese führt in das New York von 1863: Die Straßen sind staubig, die Menschen leicht erregbar, und Bill the Butcher wartet mit seinen Messern um die Ecke. Mit Leonardo DiCaprio und Cameron Diaz.

❯ **Nachts im Museum** – Nachts, wenn alle Besucher das Gebäude verlassen haben, erwachen die Exponate im New Yorker Museum of National History zum Leben – sogar der verspielte Riesen-Dino. Kurzweilige, toll getrickste Komödie mit Ben Stiller.

❯ **New York Trilogie** – In drei Geschichten machen sich Paul Austers Protagonisten auf die Suche nach ihrer Identität – vor der Kulisse New Yorks.

❯ **Fegefeuer der Eitelkeiten** – In der Satire auf das New York der 1980er-Jahre fährt ein arroganter Investmentbanker mit seinem Mercedes einen Afroamerikaner in der Bronx an – und seine Welt gerät aus den Fugen. Roman von Tom Wolfe, kongenial verfilmt mit Tom Hanks, Melanie Griffith und Bruce Willis.

❯ **Extrem laut und unglaublich nah** – Jungstar Jonathan Safran Foer beschreibt auf anrührend komische Weise, wie der neunjährige Oskar in New York nach Spuren seines Vaters sucht, der beim Terroranschlag auf das World Trade Center ums Leben gekommen ist.

PRAKTISCHE HINWEISE

Cent und ein Dollar. Andere Bezeichnungen: *penny* (1 Cent), *nickel* (5 Cent), *dime* (10 Cent), *quarter* (25 Cent), *buck* (1 Dollar). Populärste Zahlungsmittel: Kreditkarten, v.a. Visa, auch Mastercard, seltener American Express. Mit ec-Karten mit Maestro-Zeichen, können Sie an Geldautomaten (ATM) Geld abheben (ATM gibt es an allen Banken und in vielen *delis*). Fragen Sie bei Ihrer Bank nach, ob es ein Partnerinstitut gibt, bei dem Sie kostenlos abheben können.

Fast alle zentral gelegenen Banken *(Mo–Fr 9 –15 Uhr)* tauschen Devisen, die Bearbeitung ist oft teuer. Als Zahlungsmittel werden überall Traveller Checks akzeptiert. Bei der Ankunft sollten Sie etwas Kleingeld haben, um Taxi, Busse oder Gepäckträger bezahlen zu können. Taxifahrer sind nicht verpflichtet, auf Geldscheine herauszugeben, die größer sind als $ 20.

GESUNDHEIT

Für die USA empfiehlt es sich dringend, eine Auslandskrankenversicherung abzuschließen, da deutsche Krankenkassen meist die Kosten etwaiger Erkrankungen nicht übernehmen. Die Notaufnahmen der Krankenhäuser *(emergency room)* sind grundsätzlich verpflichtet, alle Patienten zu behandeln. Durchaus üblich ist allerdings, dass vor der ärztlichen Behandlung die Vorlage einer Kreditkarte verlangt wird. Bei den Konsulaten können Sie die Adressen deutschsprachiger Ärzte erfragen.

Empfehlenswert auch: das *Travelers Medical Center (952 Fifth Av. | Suite 1D | Tel. 1212-737-1212 | www.travelmd.com)*, ein anerkannter

WÄHRUNGSRECHNER

€	USD	USD	€
1	1,35	1	0,75
2	2,70	2	1,50
5	6,80	5	3,70
10	13,60	10	7,40
15	20,35	15	11,00
20	27,10	20	14,75
25	33,90	25	18,40
30	40,70	50	36,90
50	67,80	80	59,00

ärztlicher Notdienst, der auch Krankenbesuche macht.

INTERNET

Keine Stadt bietet so viele Infos via Internet wie New York. Vom Hotelreservierungsservice des Visitor Centers *(www.nycgo.com)* bis zu Jazzclubs und Museen. Eine Übersicht bietet *www.allny.com*. Gut sind die Websites der Stadtmagazine *www.nymag.com* und *www.timeoutny.com*. WLAN ist häufig verfügbar.

INTERNETCAFÉS

In allen *Public Libraries* gibt's bis zu 30 Min. Surfen gratis, Adressen von Zuhause mitbringen: *www.nypl.org*. Manche Cafés haben Rechner, immer mehr bieten drahtlosen Zugang für private Laptops an, oft kostenlos.

MASSE & GEWICHTE

Das metrische System ist in den USA unbekannt. Man trifft deshalb auf schwer umrechenbare Längenmaße wie *mile* (1,6 km), *foot* (30 cm) und *inch* (2,5 cm), auf Hohlmaße wie *gallon* (3,78 l), *quart* (0,94 l) und *pint* (0,47 l) sowie auf Gewichte wie *pound* (0,454 kg) und *ounce* (28,3 g). Temperaturen lassen sich so umrechnen: Fahrenheit minus 30 dividiert durch 2 ergibt ungefähr Celsius. Das bedeutet: *0°C = 32°Fahrenheit, 20°C = 68°F, 30°C = 86°F.*

Kleidergrößen: Bei der Damenkonfektion entspricht US-Größe 4 der deutschen 34, 6 = 36, 8 = 38, 10 = 40, 12 = 42, 14 = 44. Bei den Herren ist die US-Größe 36 = 46, 38 = 48, 40 = 50, 42 = 52, 44 = 54.

NOTRUF

911 ist die Notrufnummer für Polizei und medizinische Notfälle (kostenlos von öffentlichen Telefonen).

ÖFFENTLICHE TOILETTEN

Toiletten *(rest rooms)* sind in New York Mangelware. Jedoch befinden sich in den öffentlich zugänglichen Atrien und Lobbys etlicher Wolkenkratzer und in Geschäftszentren wie dem Trump Tower und Citicorp WC für Besucher. Eine gute Alternative: die Toiletten in den Lobbys großer Hotels und in Kaufhäusern und Buchläden.

ÖFFENTLICHE VERKEHRSMITTEL

BUS UND SUBWAY

Das Bus- und U-Bahn-Netz ist nahtlos ausgebaut. U-Bahn-Besonderheit: Expresszüge, die nur an etwa jeder fünften Station halten. Normale Züge heißen *local trains*. Manche Bahnhöfe haben getrennte Eingänge für Uptown- und Downtown-Züge. Der Preis für die einmalige Fahrt beträgt $ 2,25. Zutritt mit einer Magnetkarte, der *metrocard*. Vorteile: kostenloses Umsteigen zwischen U-Bahn und Bus, Mengenrabatt und die für Touristen besonders empfehlenswerte Wochenkarte zum Preis von $ 27. Die *metrocard* ist an U-Bahn-Stationen, vielen Kiosken, Delis und im *Times Square Visitors Center* erhältlich. Der *Metro Card Fun Pass* (Tageskarte) kostet $ 8,25. Im Bus kann man auch bar bezahlen, mit $ 2,25 in Münzen abgezählt. Das Subway-Netz wird ständig repariert; Infos: *www.mta.info* oder an den Stationen.

MIETWAGEN

Wer von New York aus mit dem Auto weiterreisen will, sollte es am Flughafen mieten: Dort ist es billiger (ab $ 50/Tag) als in Manhattan. Noch preiswerter ist es, wenn Sie bereits in Europa reservieren (Angebote für Autovermietungen finden Sie unter *www.marcopolo.de*). Parken in Manhattan: Zu wenig Parkplätze und Einbruch- und Diebstahlgefahr sprechen für ein Parkhaus (Tagesgebühr etwa $ 40). Mietwagen mit Chauffeur heißen *limo* oder *town car* (ab $ 70 pro Stunde bei 2 Stunden Minimum plus $ 15 Trinkgeld), *Farrell Limousine Service (Tel. 1212-988-4441).*

TAXI

Die autorisierten *yellow cabs* sind nicht sehr teuer. Die Grundgebühr für die erste Drittelmeile beträgt $ 2,50, für jede weitere Fünftelmeile 40 Cent. 25 Blocks kosten ungefähr $ 8,50 zzgl. Trinkgeld (15 Prozent). Nachtaufschlag 20–6 Uhr: 50 Cent, wochentags zwischen 16 und 20 Uhr: $ 1 Zuschlag. Brücken- und Tunnelmaut *(toll)* kommen hinzu. Andere Taxis als die gelben sind nur Kennern zu empfehlen, die Preise aushandeln können.

PRAKTISCHE HINWEISE

POST

Das *General Post Office (Eighth Av./ 33rd St.)* ist als einziges täglich rund um die Uhr geöffnet. Andere Postämter meist: *Mo–Fr 9–17 Uhr.* Briefmarken gibt es auch in Automaten vor und in Postämtern sowie in manchen Apotheken und Delis. Porto: Luftpostbrief bis 28,3 g nach Deutschland, Österreich und in die Schweiz: 98 Cent. Briefkästen sind blau und haben oben einen Klapptüreinwurf.

STADTRUNDFAHRTEN

BOOTSFAHRTEN

Circle Line Sightseeing Tours: Dreistündige Fahrt um Manhattan *(Mitte April–Okt. tgl. 10–16.30 Uhr, im Winter einmal tgl. | Circle Line Plaza, W 42nd St./Hudson River | $ 34 | Tel. 1212-563-3200 | www. circleline42.com*

BUSTOUREN

Gray Line of New York: Um die 20 verschiedene Touren sind im Angebot, auch in Deutsch und nach Harlem *(2–8 Std. | ab $ 25).* Außerdem Ausflüge nach Atlantic City (Kasinos) und ins Hudson Valley *(Nordflügel des Busbahnhofs Port Authority | 42nd St., zw. Eighth und Ninth Av. | Tel. 1800-669-0051 | www.newyork sightseeing.com).*

Harlem Spirituals: eine Rundfahrt durch Harlem, *Mi u. So morgens* mit Besuch einer Baptistenkirche *($ 55, Mo, Do u. Sa abends ($ 135 bei 8 Personen)* mit Jazzclubbesuch; zwei Cocktails und Dinner sind im Preis enthalten *(690 Eighth Av., zwischen 43rd und 44th St. | Tel. 1212-391-0900 | www.harlemspirituals.com).*

FLÜGE

Liberty Helicopters: 15 Min. $ 180/ Person, 20 Min. $ 245/Person, $ 995 für vier Personen (plus $ 30/Person Gebühren). *Pier 6, links von der Staten Island Fähre | Tel. 1212-967-6464 | www.libertyhelicopters.com*

RADTOUREN

Bike the Big Apple: verschiedene Touren durch New Yorks Viertel *($ 90, inkl. Rad u. Helm | Tel. 1201-837-1133 | www.bikethebigapple.com).*

WORLD YACHT CRUISES

Dinner cruises lohnen sich dann, wenn man beim abendlichen Schlemmen von einem Fensterplatz aus den Mond über der Freiheitsstatue bewundern kann. *April–Dez. Do–Mo, Bordgang 18 Uhr | Pier 81, W 41st St. (Hudson River) | Dinner ca. $ 110 | Tel. 1212-630-8100 | www.world yacht.com | Subway: 23 St., C, E*

STROM

110 Volt/60 Hertz, ein Adapter ist erforderlich.

TELEFON & HANDY

Telefonieren funktioniert wie zu Hause. Von Telefonzellen aus kostet ein Gespräch 25 bis 50 Cent, Details zum Wählen sind an den Apparaten angebracht. Bei allen Telefonproblemen hilft der *operator* (Ziffer 0) weiter, er vermittelt auch R-Gespräche (*collect call,* nur innerhalb der USA). Hotels verlangen mindestens $ 1 pro Einheit und haben oft horrende Aufschläge für Ferngespräche. Telefonate nach Deutschland, Österreich und in die Schweiz kosten vom Privatanschluss zzt. 10 Cent bis $ 1,50/Min.

In New York ist der *area code* (Vorwahl) immer Bestandteil der Telefonnummer, zuvor ist noch eine 1 zu wählen (die Nummern in diesem Band sind daran bereits angepasst). Bei Anrufen aus dem Ausland wählen Sie die Vorwahl 001. Auskunft: *Tel. 411* (50 Cent pro Anfrage) und *www.411.com*. Vorwahlen: USA 001, Deutschland 011-49, Österreich 011-43, Schweiz 011-41, dann die Ortsnetzkennzahl ohne 0 und die Nr.

Die Alternative: Kioske in New York verkaufen sogenannte *prepaid cards* ($ 5, $ 10 und $ 25). Mit denen wählt man sich ins Ortsnetz ein, gibt dann die Pinnummer der Karte an und kann z.T. für 3 Cent/Min. weltweit telefonieren. Telefonate mit eigenem Mobiltelefon sind mit Tri- und Quadbandhandy möglich, wenn der Netzbetreiber das internationale Roaming-Abkommen abgeschlossen hat. Dennoch drohen hohe Roaming-Gebühren! Daher lohnen sich auch Prepaid-Sim-Karten örtlicher GSM-Netzbetreiber (Cellular One, T-Mobile USA, Verizon) oder eine Sim-Karte von Cellion *(www.cellion.de)*, die Sie schon in Deutschland kaufen können. Immer günstig sind SMS. Hohe Kosten verursacht die Mailbox: noch im Heimatland abschalten!

TICKETS

Telefonische Bestellungen über die Kassen *(box offices)* sind möglich, Veranstaltungen sind oft ausgebucht. Ticketservices schlagen prozentual auf den Kartenpreis auf und sind 24 Std. erreichbar: *Telecharge (Tel. 1212-239-6200 | www.telecharge.com)* und *Ticketmaster (Tel. 1212-307-7171 | www.ticketmaster.com)*. Oft hilft ein guter Hotelconcierge, denken Sie an Trinkgeld. Karten zum halben Preis für Vorstellungen vom selben Tag: *TKTS u.a. am Times Square (W 47th St./ Broadway). Tgl. 15–20 Uhr, Karten für Nachmittags-*

WETTER IN NEW YORK

Jan.	Feb.	März	April	Mai	Juni	Juli	Aug.	Sept.	Okt.	Nov.	Dez.
4	5	9	14	21	25	28	27	24	18	12	6
Tagestemperaturen in °C											
-4	-4	0	5	11	17	19	19	16	10	4	-2
Nachttemperaturen in °C											
4	6	7	8	8	10	9	8	8	6	5	4
Sonnenschein Std./Tag											
8	7	9	9	8	7	7	7	6	5	8	8
Niederschlag Tage/Monat											
3	2	4	8	13	18	22	23	21	17	11	6

vorstellungen Mi und Sa 10–14 Uhr, So 11–15 Uhr, zzgl. $ 2 service charge. Genauso günstig, ohne Wartezeit: *www.entertainment-link.com*

TRINKGELD

In den Restaurantpreisen ist kein Bedienungsgeld enthalten. Kellner bekommen daher 15–20 Prozent Trinkgeld *(tip)*. Rechnungen enthalten eine Steuer *(tax)*. New Yorker verdoppeln die *tax* und geben sie als *tip*. Rechnung genau angucken: Manche Lokale fürchten, Ausländer geben kein *tip* und schlagen deshalb direkt *gratuity* auf. Oberkellner und *maître de table* erwarten für besondere Dienste (z.B. Tisch am Fenster) mindestens $ 10, in erstklassigen Restaurants $ 20. In Hotels rechnen Gepäckträger *(bell boys)* mit $ 1 pro Gepäckstück, in Häusern der 1. Klasse mit insgesamt wenigstens $ 5.

Zimmermädchen bekommen mindestens $ 5, bei längerem Aufenthalt $ 1 pro Tag. Sonderleistungen des Concierge (z.B. das Buchen von Tickets oder Restauranttischen) sind mit mindestens $ 10 zu honorieren. Taxifahrer erwarten 15 Prozent Trinkgeld. In New York wird *tip* nicht nur begrüßt, sondern erwartet.

VERANSTALTUNGSTIPPS

Veranstaltungshinweise finden Sie in der *New York Times (Fr, Sa)*. Täglich veröffentlichen *New York Post* und *Daily News* zudem ein Kinoprogramm. Im *New York Magazine (Mo)* sind Kultur, Sport und anderes aufgeführt. *The New Yorker* enthält montags einen Überblick über Programme der Musiklokale, Kinos und mehr. *Time Out* bietet mittwochs außerdem die ausführlichsten und aktuellsten Infos über Clubs und Konzerte *(music venues)*. Die beste Vorauswahl trifft dienstags *www.fla vorpill.com.* **Insider Tipp**

WETTER & REISEZEIT

Das New Yorker Wetter ist extrem: im Winter oft bitterkalt, im Sommer sehr schwül und bis zu 35 Grad warm. Durch den Wechsel von klimatisierten Räumen auf die heißen Straßen besteht Erkältungsgefahr (immer eine leichte Jacke mitnehmen). Die schönste Reisezeit: Mai bis Mitte Juni und Mitte September bis Ende Oktober.

ZEIT

In New York ist es sechs Stunden früher als in Mitteleuropa. Sommerzeit ist vom 2. So im März bis 1. So im November. Achtung: Europa stellt zu anderen Terminen die Zeit um, daher beträgt in den Übergangswochen im Frühjahr und Herbst der Zeitunterschied nur fünf Stunden.

ZOLL

Pflanzen, frische Lebensmittel und Konserven dürfen nicht eingeführt werden. Erlaubt sind 200 Zigaretten oder 50 Zigarren oder 2 kg Tabak sowie 1 l Spirituosen, dazu Geschenke im Wert bis zu $ 100.

In die EU eingeführt werden dürfen: 1 l Alkohol über 22 Prozent, 200 Zigaretten oder 250 g Tabak, 50 g Parfüm und andere Artikel (ausgenommen Gold) im Gesamtwert von 430 Euro *(www.zoll-d.de)*.

In die Schweiz eingeführt werden dürfen: 2 l Alkohol bis 15 Prozent, Waren im Gesamtwert von 300 Franken und 200 Zigaretten.

> DO YOU SPEAK ENGLISH?

„Sprichst du Englisch?" Dieser Sprachführer hilft Ihnen, die wichtigsten Wörter und Sätze auf Englisch zu sagen

Aussprache

Zur Erleichterung der Aussprache sind alle amerikanischen Begriffe und Wendungen mit einer einfachen Aussprache (in eckigen Klammern) versehen. Folgende Zeichen sind Sonderzeichen:

ə nur angedeutetes „e" wie in bitte
θ [s] gesprochen mit der Zungenspitze zwischen den Zähnen
' die nachfolgende Silbe wird betont

■ AUF EINEN BLICK ■

Ja/Nein	Yes [jäs]/No [nəu]
Vielleicht	Perhaps [pə'häps]/Maybe ['mäibih]
Bitte/Danke	Please [plihs]/Thank you ['θänkju]
Gern geschehen.	You're welcome. [joh 'wälkəm]
Entschuldigung!	Excuse me! [ikskjus mi]
Wie bitte?	Pardon? ['pahdn]
Ich verstehe Sie/dich nicht.	I don't understand. [ai dəunt andə'ständ]
Können Sie mir bitte helfen?	Can you help me, please? ['kən ju 'hälp mi plihs]
Guten Tag!	Good morning! [gud 'mohning]/ evening! ['ihwning] (je nach Tageszeit)
Hallo! Grüß dich!	Hello! [hə'ləu]
Hallo, wie geht's?	Hi! How are you? [hai! hau ar ju?]
Wie ist Ihr/dein Name?	What's your name? [wots joh 'näim]
Mein Name ist …	My name is … [mai näim is]
Ich komme aus …	I'm from … [aim frəm]
… Deutschland.	… Germany. ['dschöhməni]
… Österreich.	… Austria. ['ohstriə]
… der Schweiz.	… Switzerland. ['switsələnd]
Auf Wiedersehen!	Goodbye! [,gud'bai]/Bye-bye! [,bai'bai]
Tschüss!	See you! [sih ju]/Bye! [bai]
Schönen Tag noch.	Have a nice day. ['həw a naiß däi]
Hilfe!	Help! [hälp]
Rufen Sie bitte …	Please call … ['plihs 'kohl]
… einen Krankenwagen.	… an ambulance. [ən 'ämbjuləns]
… die Polizei.	… the police. [θə pə'lihs]

■ UNTERWEGS ■

Bitte, wo ist …	Excuse me, where's … [iks'kjuhs 'mih 'weəs]

> www.marcopolo.de/newyork

SPRACHFÜHRER ENGLISCH

… der Bahnhof?	… the train station? [θə träin 'stäischn]
… der Flughafen?	… the airport? [θə 'eəpoht]
… die (Bus-)Haltestelle?	… the (bus)stop? [θə (bas)stəp]
… der Taxistand?	… the taxi rank? [θə 'täksiränk]
… die Autovermietung?	… the car rental station? [θə 'kahrentl stäischn]
Bus/Fähre/Zug	bus [bas]/ferry ['färi]/train [träin]
Wo kann ich einen Fahrschein kaufen?	Where can I buy a ticket? ['weə kən_ai bai_ə 'tikit]
Können Sie mir bitte sagen, wie ich nach … komme?	Could you tell me how to get to …, please? ['kud_ju 'täl me hau tə gät tə … plihs]
Gehen Sie geradeaus.	Go straight on. [gəu sträit 'on]
Gehen Sie nach links/rechts.	Turn left/right. [töhn 'läft/'rait]
Erste/Zweite Straße links/rechts.	The first/second street on the left/right. [θə 'föhst/'säknd striht on θə 'läft/'rait]
nah/weit	near [niə]/far [fah]
Überqueren Sie …	Cross … ['kros]
… die Brücke.	… the bridge. [θə 'bridsch]
… den Platz.	… the square. [θə 'skweə]
… die Straße.	… the street. [θə 'striht]
Ich möchte … mieten.	I'd like to rent … [aid' laik tə rent]
… ein Auto …	… a car. [ə 'kah]
… ein Fahrrad/ein Boot …	… a bike. [ə 'baik]/… a boat. [ə 'bəut]
offen/geschlossen	open ['əupn]/closed [kləusd]
drücken/ziehen	push [pusch]/pull [pull]
Eingang/Ausgang	entrance ['äntrəns]/exit ['ägsit]
Wo sind bitte die Toiletten?	Where are the restrooms, please? ['weərə θə 'restrums plihs]
Damen/Herren	Ladies ['läidies]/Gentlemen ['dschäntlmən]

SEHENSWERTES

Wann ist das Museum geöffnet?	When is the museum open? ['wän is θə mju'siəm 'əupn]
Wann beginnt die Führung?	When does the tour start? ['wän das θə 'tuə 'staht]
Altstadt	the old town [θi_'əuld 'taun]
Ausstellung	exhibition/show [,äksi'bischn/schou]
Gottesdienst	service ['söhwis]
Kirche	church [tschöhtsch]
Rathaus	city/town hall ['siti/'taun 'hohl]

Stadtplan	map of town ['mäp‿əw 'taun]
Stadtzentrum	town centre ['taun 'säntə]/ downtown [dauntaun]

▓ DATUMS- & ZEITANGABEN ▓

Montag	Monday ['mandäi]
Dienstag	Tuesday ['tjuhsdäi]
Mittwoch	Wednesday ['wänsdäi]
Donnerstag	Thursday ['θöhsdäi]
Freitag	Friday ['fraidäi]
Samstag	Saturday ['sätədäi]
Sonntag	Sunday ['sandäi]
heute/morgen	today [tə'däi]/tomorrow [tə'morəu]
täglich	every day ['äwri 'däi]/daily ['däili]
Wie viel Uhr ist es?	What time is it? [wot 'taim‿is‿it]
Es ist 3 Uhr.	It's three o'clock. [its 'θrih ə'klok]
Es ist halb 3.	It's half past two. [its 'hahf pahst tuh]
Es ist Viertel vor 3.	It's quarter to three. [its 'kwohtə tə 'θrih]
Es ist Viertel nach 3.	It's quarter past three. [its 'kwohtə pahst 'θrih]

▓ ESSEN & TRINKEN ▓

Die Speisekarte, bitte.	May I have the menu, please. ['mäi ai häw θə 'mänjuh plihs]
Ich nehme …	I'll have … [ail häw]
Bitte ein Glas …	A glass of …, please [ə 'glahs‿əw … plihs]
Besteck	cutlery ['katləri]
Messer/Gabel/Löffel	knife [naif]/fork ['fohk]/spoon ['spuhn]
Vorspeise	hors d'œuvre [oh'döhwr]/starter ['stahtə]
Hauptgericht	main course ['mäin 'kohs]/entrée [əntre]
Nachspeise	dessert [di'söht]
Salz/Pfeffer	salt [sohlt]/pepper ['päpə]
scharf	hot [hot]/spicy [spaisi]
Ich bin Vegetarier/in.	I'm a vegetarian. [aim a ‚wädschi'teəriən]
Trinkgeld	tip [tip]
Die Rechnung, bitte.	May I have the check, please? ['mäi ai häw θə 'tschek plihs]

▓ EINKAUFEN ▓

Wo finde ich …	Where can I find … ['weə 'kən‿ai 'faind]
… eine Apotheke?	… a pharmacy? [ə 'famaßi]
… eine Bäckerei?	… a bakery? [ə bäikəri]
… ein Kaufhaus?	… a department store? [ə di'pahtmənt stoh]
… einen Markt?	… a market? [ə 'mahkit]

Haben Sie …?	Do you have …? [dju 'həw]
Ich möchte …	I'd like … [aid 'laik]
Ein Stück hiervon, bitte.	A piece of this, please. [ə pihs əw θis plihs]
Eine Einkaufstüte, bitte.	A bag, please. [ə bäg plihs]
Das gefällt mir (nicht).	I (don't) like it. [ai (dəunt) laik_it]
Wie viel kostet es?	How much is it? ['hau 'matsch is it]
Nehmen Sie Kreditkarten?	Do you take credit cards? [du_ju täik 'kräditkahds]

■ ÜBERNACHTEN

Ich habe bei Ihnen ein Zimmer reserviert.	I've reserved a room. [aiw ri'söhwd_ə 'ruhm]
Haben Sie noch Zimmer frei?	Do you have any vacancies? [dju 'həw äni 'wäikənsis]
ein Einzelzimmer	a single room [ə 'singl ruhm]
ein Doppelzimmer	a double room [ə 'dabl ruhm]
mit Dusche/Bad	with a shower/bath [wiθ ə 'schauə/'bahθ]
Was kostet das Zimmer?	How much is the room? ['hau 'matsch is θə ruhm]
Frühstück	breakfast ['bräkfəst]
Vollpension	American Plan ['əmerikan plän]

■ PRAKTISCHE INFORMATIONEN

Können Sie mir einen Arzt empfehlen?	Can you recommend a doctor? [kən ju ‚räkə'mänd ə 'doktə]
Ich habe hier Schmerzen.	I've got pain here. [aiw got päin 'hiə]
Ich habe Durchfall.	I've got diarrhoea. [aiw got daiə'riə]
Kinderarzt/Zahnarzt	pediatrician [‚pihdiə'trischn]/dentist ['däntist]
Eine Briefmarke, bitte.	One stamp, please. [wan stämp 'plihs]
Wo ist bitte …	Where's … , please? ['weəs … plihs]
… die nächste Bank?	… the nearest bank … [θə 'niərist 'bänk]
… der nächste Geldautomat?	… the nearest ATM … [θə 'niərist 'äitiem]

■ ZAHLEN

1	one [wan]	11	eleven [i'läwn]
2	two [tuh]	12	twelve [twälw]
3	three [θrih]	20	twenty ['twänti]
4	four [foh]	50	fifty ['fifti]
5	five [faiw]	100	a (one) hundred [ə ('wan) 'handrəd]
6	six [siks]	200	two hundred ['tuh 'handrəd]
7	seven ['säwn]	500	five hundred ['faiw 'handrəd]
8	eight [äit]	1000	a (one) thousand [ə ('wan) 'θausənd]
9	nine [nain]	1/2	a half [ə 'hahf]
10	ten [tän]	1/4	a (one) quarter [ə ('wan) 'kwohtə]

Trinity Church

> UNTERWEGS IN NEW YORK

Die Seiteneinteilung für den Reiseatlas finden Sie auf dem
hinteren Umschlag dieses Reiseführers

CITY
ATLAS

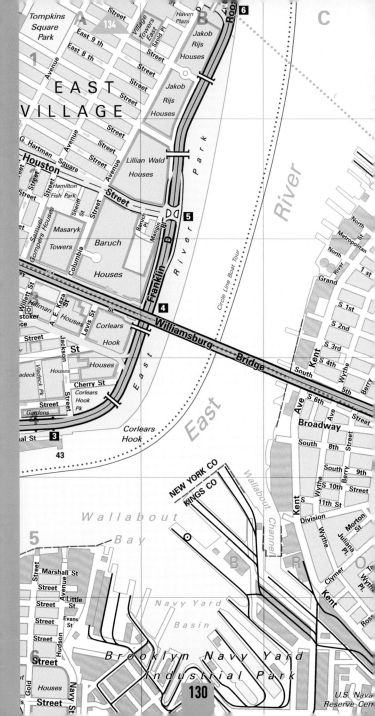

Tompkins
Square
Park

A 134

East 9th
Street

East 8th
Street

Village
Towers
East

Stold Pl

Haven
Plaza

B

Jakob
Rijs
Houses

6

EAST

VILLAGE

G. Hartman Square

Houston

Hamilton
Fish Park

Street

Sheriff St

Samuel
Gompers Houses

Masaryk

Towers

Columbia

Willett St

Hillman
Houses

A. E. Kaza
Houses

Levis St

Jackson

St

Houses

Vladeck Pk

Cherry St

Street

Gardens

Canal St

3

43

Jakob
Rijs
Houses

Lillian Wald
Houses

Baruch Pl

Mangin

D

Baruch

Houses

Franklin

River Park

River

5

D

4

Williamsburg

Corlears
Hook

East

Bridge

Corlears
Hook
Pk

Corlears
Hook

Circle Line Boat Tour

River

North

Metropolitan

North

River

Grand

1 st

S 1st

S 2nd

S 3rd

S 4th

Kent

Wythe

5th

South

Berry

Ave

Wythe

S 6th

Ave

Broadway

South

8th

Street

South

Berry

9th

Kent

Wythe

S 10th

Street

11th St

Division

Morton
St.

Juliana
Pl.

East

Wallabout

Bay

NEW YORK CO

KINGS CO

Wallabout Channel

B

R

O

Wythe

Clymer

Kent

Ros

5

Marshall St

Street

Avenue

Little
St.

Street

Evans
St

Street

Street

Hudson

Street

6

Street

Houses

Navy St

Navy Yard

Basin

Brooklyn Navy Yard

Industrial Park

130

U.S. Naval
Reserve Cen

WEEHAWKEN

1

NEW JERSEY
HUDSON CO
NEW JERSEY CO
NEW YORK CO

NEW JERSEY
NEW YORK

2

Hudson

Circle Line Boat Tour

99
98
97
96
95
94

8

West
West
West Power
West Plant

Clinton
Cove Park

River

92

N.Y. City Passenger

90

Ship Terminal

88

86

West
West
West
West
West
West
West
West
West

De Witt
Clinton
Park

Women's
Int.
Arts Center

Irish Arts
Ctr. Theater

Bell Teleph
System

Sac

84

Intrepid
Sea-Air-Space
Museum

N.Y.
of Pi

St. Clen

4

Circle Line Boat Tour

Pier 83
Circle Line Cruises

81

World
Yacht

West

West

West Side
Theaters

Lincoln Tunnel (Toll)

Lincoln Harbour

West-Midtown
Ferry

79

West

West

St. Raphael

Manhattan Plaza

Theater
Complex

76

78

9a

West

Port Authorit
Bus Termina

5

Penn-
Central
Tunnel

J.K. Javits
Exhibition and
Convention
Center of
New York

West

West

West

West 30 St
Heliport

West

30 th St
Terminal

West

West

6

West

West 32nd St

West

YMCA-
Sloane House

34 th

GAR

38

37 th

36 th

35 th

Nelso

33 rd

General

132

136

Eighth

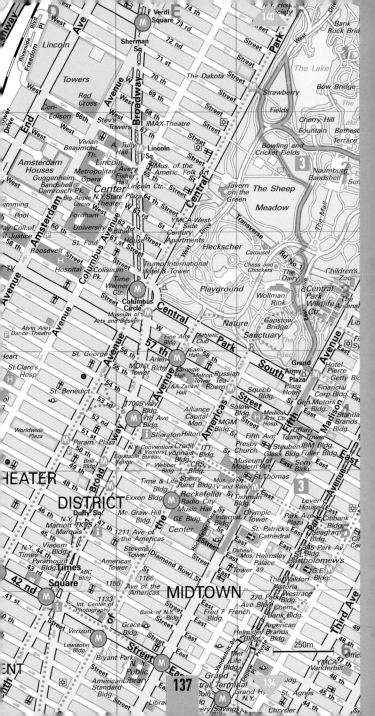

EDGEWATER

Valley Road
Albert Street
Francis Place

250m

A   B   C

H u d s o n

BERGEN CO
HUDSON CO

NEW JERSEY
NEW YORK

NEW YORK CO
NEW YORK CO

R i v e r

Circle Line Boat Tour

11

Henry

Pa

West

West

West

West End

West End

96

M

9a

Riverside West

West

Pomander Walk

94 th

93 rd

Soldiers & Sailors Monument

West

West

West

West

Avenue

90 th

91 st

Riverside Park

West

West

West

B'nai Jeshurun

89 th

88 th

W

H.J. Bro Towers

Drive

West

Riverside

West

Amsterdam

West

Houses

West

87 th

86 th

SIDE

Jewish C

Hudson

Boat
Basin

West

West

West

Childrens
Museum of Manhattan

84 th (Edgar Allen Poe St)

85 th

83 rd

H

10

79th Street
Marina

West

First Baptist
Church

M

82 nd

81 st

80 th

Jesus Christ

St

79 th St

Cong
R. Sho

Broadway

Henry

West

West

West End

West

Riverside

Amsterdam

78 th

77 th

76 th

75 th

79 th St

Hayden
Planetarium

Rose Ctr. for
Earth & Space

American Museum
of Natural History

Street

Street

9

West

Ansonia
Hotel

Rutgers

74 th

73 rd

N.Y. Hist
Society

Sh
G

Park

137

140

hway

Bird
Pl

West

St

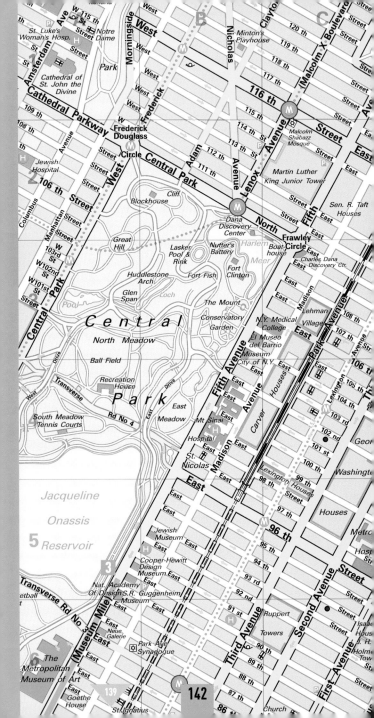

East

127 th St

126 th

St

North
Gen. Hosp.

125 th

NEW YORK CO

BRONX CO

Harlem
River
Station
(Freight)

Drive

19

us Garvey

H

M St (M. Luther King

Willis Ave
Bridge

norial

Avenue

124 th

Park

Street

Street

EAST

123 rd St

Louis
Guvillier
Park

18

Morris
htower

HARLEM

Ronald E
McNair Pl

Jr. Blvd

Avenue

Park

Lexington

121 st St

Paladino

Triborough
Bridge
(Toll)

120 th

Avenue

278

119 th

M

Third

118 th

17

117 th

Second

116 th

Avenue

Wards

115 th

First

Street

Jefferson

Pleasant Avenue

Street

E 113 th St

Houses

Street

Street

112 th St

Street

Avenue

16

3

E 114 th St

109 th

111 th

Jefferson

Island

Benjamin

110 th Street

Park

Little Hell Gate

Franklin

Street

Second Avenue

Street

Plaza

Drive

River

Manhattan
Psychiatric
Center

Triborough

Bridge (Toll)

First

Street

Woodrow
Wilson
Houses

Recreation
Pier

Harlem

278

4

ses

Street

15

H

5

East River

Kirby-
Forensic
Psychiatric
Center

Manhattan
Children's
Psychiatric
Center

H

Housing

River

Street

Street

H

East

Foot
Bridge
(Pedestrian)

Wards

Wards

5

Street

Island

Island

14

Wards
Island

Park

Wards
Island

Park

Mill
Rock
Park

Hell

Gate

250m

143

NE

Shore
Blvd

Stroudsburg

Paterson

Clifton

B

Paterson

C

80

Fair

Garfield

Leoni

Cedar
Grove

3

Montclair
State Univ.

Passaic

Wallington

Ridgefield
Park

46

Palisades
Park

1

23

Verona

Montclair

21

Wood
Ridge

17

Teterboro
Airport

Moonachie

95

Ridgefield

1
9

Edge

Montclair
Art Museum

Nutly

Rutherford

3

Meadowlands
Sport Complex

North
Bergen

Fairv

2

Glenn
Ridge

Belleville

Lyndhurst

120

Guttenberg

Bloom-
field

North
Arlington

3

Secaucus

West
New York

Edison
Nat'l.
Historic Site

280

506

7

Kearney

95

Weehawken

Stroudsburg

East
Orange

NJ Perf.
Arts Ctr.

21

Harrison

7

Union
City

2

Hoboken

124

Newark
Museum

78

Newark

1
9

JERSEY
CITY

3

Allentown

22

27

95

440

Ellis I.

5

6

Union

Roosevelt
Stadium

78

4

Hillside

New Brunswick

81

Newark
Int'l. Airport

Statue
of Liberty
Nat'l. Mon.

278

The B
Mus

1
9

Bayonne

Upper

Bay

27

Elizabeth

169

Newark Bay

NEW JERSEY
NEW YORK

Philadelphia

95

278

440

Kill

van Kull

Goethals Br.
(Toll)

Bayonne Br.
(Toll)

The
Narrows

278

BR

5

440

S T A T E N

Verrazano Narrows Br.
(Toll)

Lower

Carteret

Richmondtown
Restoration

Bay

Norton
Point

Coney

I S L A N D

Keyspan
Park

6

Perth Amboy

5 miles

5 km

144

Gateway
National
Recreation
Area

1 George Washington Br. (Toll)   6
2 Lincoln Tunnel (Toll)   7
3 Holland Tunnel (Toll)   8
4 Brooklyn-Battery Tunnel (Toll)   9
5 Brooklyn Br.

Das Register enthält eine Auswahl der im Cityatlas dargestellten straßen und Plätze

146

STRASSENREGISTER

Astor Place **133/D5-D6**
Attorney St. **129/F2-F3**
Avenue A **129/F1-133/F5**
Avenue B **129/F2-133/F5**
Avenue C **130/A2-134/A5**
Avenue D **130/A2-134/A6**
Avenue of the Americas
(= Sixth Ave.)
  128/C2-138/A4
Avenue of the Finest **128/C4**
Bank St. **132/B4-C4**
Barclay St. **128/B3-B4**
Barrow St. **132/B5-C5**
Battery Place **128/A5**
Baxter St. **128/D2-D3**
Bayard St. **129/D3**
Beach St. **128/B2**
Beaver St. **128/B5**
Bedford St. **132/B5-C6**
Beekman St. **128/C4**
Bethune St. **132/B4**
Bethune St. **112/B4**
Bleecker St. **132/B4-133/D6**
Bloomfield St. **132/A3-B3**
Bond St. **133/D6**
Bowery **129/D3-133/D6**
Bridge St. **128/A5-B5**
Broad St. **128/B5-B6**
Broadway **128/B5-141/D1**
Brooklyn Bridge
  128/C4-129/E6
Broome St. **128/C1-129/F3**
Canal St. **128/B1-129/E3**
Carlisle St. **128/A4**
Cathedral Parkway **141/D1-E2**
Catherine St. **129/D3-D4**
Cedar St. **128/B4-C5**
Central Park North **142/B2-C2**
Central Park South **137/E3-F4**
Central Park West
  137/E3-141/E2
Centre St. **128/C3-129/D2**
Chambers St. **128/A2-C3**
Charles St. **132/B5-C4**
Charlton St. **132/B6-C6**
Chatham Square **129/D3**
Cherry St. **129/D4-130/A4**
Christopher St. **132/B5-C5**
Chrystie St. **129/D3-E1**
Church St. **128/B3-C2**
Clarkson St. **132/B6-C5**
Cleveland Place **129/D2**
Cliff St. **128/C4-C5**
Clinton St. **129/F2-F4**
Collister St. **128/B2**
Columbia St. **130/A2-A3**
Columbus Ave. **138/D3-142/B2**
Columbus Circle **137/E3**
Cornelia St. **132/C5**
Cortlandt Alley **128/C2-C3**
Crosby St. **129/D1-D2**
Delancey St. **129/E2-F2**
Desbrosses St. **128/B1**
Division St. **129/D3-E3**
Dominic St. **128/C1**

Dover St. **128/C4-129/D4**
Downing St. **132/B6-C6**
Duane St. **128/B3-C3**
Duch St. **128/B4-C4**
East 1st St. **129/E1-F1**
East 2nd St. **129/E1-F2**
East 3rd St. **129/E1-130/A2**
East 4th St. **130/A2-133/D6**
East 5th St. **130/A2-133/E6**
East 6th St. **130/B2-133/E6**
East 7th St. **130/A1-133/E6**
East 8th St. **130/A1-133/D5**
East 9th St. **130/A1-133/D5**
East 10th St. **130/B1-133/D5**
East 11th St. **133/D5-134/A6**
East 12th St. **133/D5-134/A6**
East 13th St. **133/D4-134/A6**
East 14th St. **133/D4-134/A6**
East 15th St. **133/D4-134/B6**
East 16th St. **133/D4-134/B6**
East 17th St. **133/D4-F4**
East 18th St. **133/D4-F5**
East 19th St. **133/E4-F4**
East 20th St. **133/E3-134/A5**
East 21st St. **133/E3-F4**
East 22nd St. **133/E3-F4**
East 23rd St. **133/E3-134/A4**
East 24th St. **133/E3-F4**
East 25th St. **133/E3-134/A4**
East 26th St. **133/E3-134/A4**
East 27th St. **133/E3-F3**
East 28th St. **133/E2-F3**
East 29th St. **133/E2-134/A3**
East 30th St. **133/E2-134/A3**
East 31st St. **133/E2-134/A3**
East 32nd St. **133/E2-134/A3**
East 33rd St. **133/E2-134/A3**
East 34th St. **133/F2-134/B3**
East 35th St. **133/F1-134/B2**
East 36th St. **133/F1-134/B2**
East 37th St. **133/F1-134/B2**
East 38th St. **133/F1-134/B2**
East 39th St. **133/F1-134/B2**
East 40th St. **133/F1-134/B2**
East 41st St. **133/F1-134/B2**
East 42nd St. **134/B2-137/E6**
East 43rd St. **134/B1-137/E6**
East 44th St. **134/B1-137/E6**
East 45th St. **134/B1-137/E6**
East 46th St. **134/B1-137/E6**
East 47th St. **137/E6-138/B6**
East 48th St. **137/E5-138/B6**
East 49th St. **137/E5-138/B6**
East 50th St. **137/E5-138/B6**
East 51st St. **138/A5-C6**
East 52nd St. **138/A5-C6**
East 53rd St. **138/A5-C6**
East 54th St. **138/A5-C6**
East 55th St. **138/A4-C6**
East 56th St. **138/A4-C5**
East 57th St. **138/A4-C5**
East 58th St. **138/A4-C5**
East 59th St. **138/A4-C5**
East 60th St. **138/A4-C4**
East 61st St. **138/B4-139/D5**

East 62nd St. **138/B3-139/D5**
East 63rd St. **138/B3-139/D5**
East 64th St. **138/B3-139/D4**
East 65th St. **138/B3-139/D4**
East 66th St. **138/B3-139/D4**
East 67th St. **138/B3-139/D4**
East 68th St. **138/B3-139/D4**
East 69th St. **138/B3-139/D4**
East 70th St. **138/B2-139/D4**
East 71st St. **138/B2-139/D4**
East 72nd St. **138/B2-139/D3**
East 73rd St. **138/B2-139/E3**
East 74th St. **138/B2-139/E3**
East 75th St. **138/C2-139/E3**
East 76th St. **138/C2-139/E3**
East 77th St. **138/C1-139/E3**
East 78th St. **138/C1-139/E2**
East 79th St. **138/C1-139/E2**
East 80th St. **138/C1-139/E2**
East 81st St. **138/C1-139/E2**
East 82nd St. **138/C1-139/E2**
East 83rd St. **139/F1-141/E6**
East 84th St. **139/E2-141/E6**
East 85th St. **139/F2-141/E6**
East 86th St. **139/F2-141/E6**
East 87th St. **139/F1-141/E6**
East 88th St. **139/F1-141/E6**
East 89th St. **139/F1-141/E5**
East 90th St. **139/F1-141/E5**
East 91st St. **142/B5-143/D6**
East 92nd St. **142/B5-C6**
East 93rd St. **142/B5-C6**
East 94th St. **142/B5-C6**
East 95th St. **142/B5-C6**
East 96th St. **139/B4-C5**
East 97th St. **142/B4-143/D5**
East 98th St. **142/B4-143/D5**
East 99th St. **142/B4-143/D5**
East 100th St. **142/B4-143/D5**
East 101st St. **142/B4-143/D5**
East 102nd St. **142/B4-143/D5**
East 103rd St. **142/B4-143/D4**
East 104th St. **142/B3-143/D4**
East 105th St. **142/C4-143/D4**
East 106th St. **142/C3-143/D4**
East 107th St. **142/C3**
East 108th St. **142/C3-143/D4**
East 109th St. **142/C3-143/D4**
East 110th St. **142/C3-143/F4**
East 111th St. **142/C2-143/E4**
East 112th St. **142/C2-143/E4**
East 113th St. **143/D3**
East 114th St. **143/E3**
East 115th St. **142/C2-143/E3**
East 116th St. **142/C2-143/E2**
East 117th St. **142/C2-143/E2**
East 118th St. **142/C1-143/F3**
East 119th St. **142/C1-143/F3**
East 120th St. **143/D1-F2**
East 121st St. **143/D1**
East 122nd St. **143/D1-E1**
East 123rd St. **143/D1-E1**
East 124th St. **143/D1-E1**
East 125th St. **143/D1-E1**
East 126th St. **143/D1-E1**

English / German		French / Dutch
Motorway / Autobahn		Autoroute / Autosnelweg
Highway with four lanes / Vierspurige Straße		Route à quatre voies / Weg met vier rijstroken
Through highway / Durchgangsstraße		Route de transit / Weg voor doorgaand verkeer
Main road / Hauptstraße		Route principale / Hoofdweg
Other roads / Sonstige Straßen		Autres routes / Overige wegen
Main railway - Other railway / Hauptbahn - Sonstige Bahn		Chemin de fer principal - Autre ligne / Belangrijke spoorweg - Overige spoorweg
Passenger ferry / Personenfähre		Bac pour piétons / Personenveer
Subway / U-Bahn	Ⓜ	Métro / Ondergrondse spoorweg
Express station to J. F. Kennedy Int'l Airp. / Expressstation zum J. F. Kennedy Int'l Airp.	Ⓜ	Station exprès à J. F. Kennedy Int'l Airport / Expresstation naar de J. F. Kennedy Int'l Airp.
One-way street / Einbahnstraße		Rue à sens unique / Straat met eenrichtingverkeer
Information / Information	🛈	Information / Informatie
Police station - Post office / Polizeistation - Postamt	● ✎	Poste de police - Bureau de poste / Politiebureau - Postkantoor
Monument - Synagogue / Denkmal - Synagoge	☖ ✡	Monument - Synagogue / Monument - Synagoge
Church of interest - Other church / Sehenswerte Kirche - Sonstige Kirche	✚ ✚	Église remarquable - Autre église / Bezienswaardige kerk - Andere kerk
Hospital / Krankenhaus	Ⓗ	Hôpital / Ziekenhuis
Lighthouse - Heliport / Leuchtturm - Hubschrauberlandeplatz	ⵉ ⊙	Phare - Héliport / Vuurtoren - Heliport
Pedestrian zone / Fußgängerzone		Zone piétonne / Voetgangerszone
Built-up area, public building / Bebaute Fläche, öffentliches Gebäude		Zone bâtie, bâtiment public / Bebouwing, openbaar gebouw
Housing project / Wohnkomplex		Pâté résidentiel / Huizencomplex
Building of interest / Sehenswertes Gebäude		Bâtiment remarquable / Bezienswaardig gebouw
Park - Industrial area / Park - Industriegelände		Parc - Zone industrielle / Park - Industrieterrein
Walking tours / Stadtspaziergänge		Promenades en ville / Wandelingen door de stad

FÜR IHRE NÄCHSTE REISE
gibt es folgende MARCO POLO Titel:

DEUTSCHLAND
Allgäu
Amrum/Föhr
Bayerischer Wald
Berlin
Bodensee
Chiemgau/Berchtes-
gadener Land
Dresden/Sächsische
Schweiz
Düsseldorf
Eifel
Erzgebirge/Vogtland
Franken
Frankfurt
Hamburg
Harz
Heidelberg
Köln
Lausitz/Spreewald/
Zittauer Gebirge
Leipzig
Lüneburger Heide/
Wendland
Mark Brandenburg
Mecklenburgische
Seenplatte
Mosel
München
Nordseeküste
Schleswig-Holstein
Oberbayern
Ostfriesische Inseln
Ostfriesland/
Nordseeküste
Niedersachsen/
Helgoland
Ostseeküste
Mecklenburg-
Vorpommern
Ostseeküste
Schleswig-Holstein
Pfalz
Potsdam
Rheingau/Wiesbaden
Rügen/Hiddensee/
Stralsund
Ruhrgebiet
Sauerland
Schwäbische Alb
Schwarzwald
Stuttgart
Sylt
Thüringen
Usedom
Weimar

ÖSTERREICH | SCHWEIZ
Berner Oberland/Bern
Kärnten
Österreich
Salzburger Land
Schweiz
Steiermark
Tessin

Tirol
Wien
Zürich

FRANKREICH
Bretagne
Burgund
Côte d'Azur/Monaco
Elsass
Frankreich
Französische
Atlantikküste
Korsika
Languedoc-Roussillon
Loire-Tal
Nizza/Antibes/Cannes/
Monaco
Normandie
Paris
Provence

ITALIEN | MALTA
Apulien
Capri
Dolomiten
Elba/Toskanischer
Archipel
Emilia-Romagna
Florenz
Gardasee
Golf von Neapel
Ischia
Italien
Italienische Adria
Italien Nord
Italien Süd
Kalabrien
Ligurien/Cinque Terre
Mailand/Lombardei
Malta/Gozo
Oberital. Seen
Piemont/Turin
Rom
Sardinien
Sizilien/Liparische Inseln
Südtirol
Toskana
Umbrien
Venedig
Venetien/Friaul

SPANIEN | PORTUGAL
Algarve
Andalusien
Barcelona
Baskenland/Bilbao
Costa Blanca
Costa Brava
Costa del Sol/Granada
Fuerteventura
Gran Canaria
Ibiza/Formentera
Jakobsweg/Spanien
La Gomera/El Hierro
Lanzarote

La Palma
Lissabon
Madeira
Madrid
Mallorca
Menorca
Portugal
Sevilla
Spanien
Teneriffa

NORDEUROPA
Bornholm
Dänemark
Finnland
Island
Kopenhagen
Norwegen
Oslo
Schweden
Stockholm
Südschweden

WESTEUROPA | BENELUX
Amsterdam
Brüssel
Dublin
Edinburgh
England
Flandern
Irland
Kanalinseln
London
Luxemburg
Niederlande
Niederländische Küste
Schottland
Südengland

OSTEUROPA
Baltikum
Budapest
Danzig
Estland
Kaliningrader Gebiet
Krakau
Lettland
Litauen/Kurische
Nehrung
Masurische Seen
Moskau
Plattensee
Polen
Polnische Ostsee-
küste/Danzig
Prag
Riesengebirge
Russland
Slowakei
St. Petersburg
Tallinn
Tschechien
Ukraine
Ungarn
Warschau

SÜDOSTEUROPA
Bulgarien
Bulgarische
Schwarzmeerküste
Kroatische Küste/
Dalmatien
Kroatische Küste/
Istrien/Kvarner
Montenegro
Rumänien
Slowenien

GRIECHENLAND | TÜRKEI | ZYPERN
Athen
Chalkidiki
Griechenland
Festland
Griechische
Inseln/Ägäis
Istanbul
Korfu
Kos
Kreta
Peloponnes
Rhodos
Samos
Santorin
Türkei
Türkische Südküste
Türkische Westküste
Zakinthos
Zypern

NORDAMERIKA
Alaska
Chicago und
die Großen Seen
Florida
Hawaii
Kalifornien
Kanada
Kanada Ost
Kanada West
Las Vegas
Los Angeles
New York
San Francisco
USA
USA Neuengland/
Long Island
USA Ost
USA Südstaaten/
New Orleans
USA Südwest
USA West
Washington D.C.

MITTEL- UND SÜDAMERIKA
Argentinien
Brasilien
Chile
Costa Rica
Dominikanische
Republik

Jamaika
Karibik/Große Antillen
Karibik/Kleine Antillen
Kuba
Mexiko
Peru/Bolivien
Venezuela
Yucatán

AFRIKA | VORDERER ORIENT
Ägypten
Djerba/Südtunesien
Dubai
Israel
Jerusalem
Jordanien
Kapstadt/Wine Lands/
Garden Route
Kapverdische Inseln
Kenia
Marokko
Namibia
Qatar/Bahrain/Kuwait
Rotes Meer/Sinai
Südafrika
Tansania, Sansibar
Tunesien
Vereinigte
Arabische Emirate

ASIEN
Bali/Lombok
Bangkok
China
Hongkong/Macau
Indien
Indien/Der Süden
Japan
Kambodscha
Ko Samui/Ko Phangan
Krabi/Ko Phi Phi/
Ko Lanta
Malaysia
Nepal
Peking
Philippinen
Phuket
Rajasthan
Shanghai
Singapur
Sri Lanka
Thailand
Tokio
Vietnam

INDISCHER OZEAN | PAZIFIK
Australien
Malediven
Mauritius
Neuseeland
Seychellen
Südsee

REGISTER

In diesem Register sind alle im Reiseführer erwähnten Sehenswürdigkeiten und Ausflugsziele sowie einige wichtige Straßen und Plätze aufgeführt. Halbfette Seitenzahlen verweisen auf den Haupteintrag.

IMPRESSUM

> SCHREIBEN SIE UNS

Liebe Leserin, lieber Leser,

wir setzen alles daran, Ihnen möglichst aktuelle Informationen mit auf die Reise zu geben. Dennoch schleichen sich manchmal Fehler ein – trotz gründlicher Recherche unserer Autoren/innen. Sie haben sicherlich Verständnis, dass der Verlag dafür keine Haftung übernehmen kann.

Wir freuen uns aber, wenn Sie uns schreiben.

Senden Sie Ihre Post an die
MARCO POLO Redaktion,
MAIRDUMONT, Postfach 3151,
73751 Ostfildern,
info@marcopolo.de

IMPRESSUM

Titelbild: Getty Images: Panoramic Images
Fotos: Özlem Ahmetoglu (12 o.); Central Park Bike Tour (106 M. r.); © fotolia.com: TiG (107 o. l.); Jordan Gary: NYC & Company (106 M. l.); P. Gebhard (Klappe l., 2 l., 2 r., 3 r., 4 l., 18, 20, 21, 54, 70, 87, 93, 98); R. Hackenberg (4 r., 84); HB Verlag: Laif/Sasse (3 M., 6/7, 30, 43, 64, 85, 98/99, 99, 108/109, 126/127), Raupach/Schröder (94, 113); © istockphoto.com: Monika Batic (14 u.), Reese Burnett (106 u. r.), Samuel Burt (107 M. l.), Jon Faulknor (12 u.), kkgas (106 o. l.), Chris Schmidt (14 o.), Jeffrey Smith (107 u. r.); Laif: Artz (53), Gebhard (49), 103), Hartz (16/17), Heeb (20/21, 22/23, 46/47, 78/79, 80, 100/101), Jonkmanns (Klappe r., 40, 67, 88/89), Knop (5), Kreuels (97), Linkel (34, 50, 68/69), Neumann (76), Redux (56/57, 61, 65), Sasse (27, 32, 44, 58, 73), The New York Times/Redux (110), Zuder (28); Liberty Hotel (13 o.); Little Shop of Crafts (107 u. r.); Look: Frei (11, 62, 74, 83, 104), Kreuzer (90); Mauritius: age (39), Lawrence (3 l.), Vogel (8/9); McClure's Pickles: John Nathan Urbanek (13 u.); Douglas Singleton (15 u.); T. Stankiewicz (Klappe M., 37), A. Steinrueck (154); The Dressing Room Boutique & Bar: Rob Loud (14 M.); The Green-Wood Cemetery: Jeff Richman (15 o.)

17., aktualisierte Auflage 2010
© MAIRDUMONT GmbH & Co. KG, Ostfildern
Chefredaktion: Michaela Lienemann (Konzept, Chefin vom Dienst), Marion Zorn (Konzept, Textchefin)
Autorin: Doris Chevron; Bearbeitung: Alrun Steinrueck; Redaktion: Jens Bey
Programmbetreuung: Silwen Randebrock
Bildredaktion: Gabriele Forst
Szene/24h: wunder media, München
Kartografie Reiseatlas: © MAIRDUMONT, Ostfildern
Innengestaltung: Zum goldenen Hirschen, Hamburg; Titel/S. 1–3: Factor Product, München
Sprachführer: in Zusammenarbeit mit Ernst Klett Sprachen GmbH, Stuttgart, Redaktion PONS Wörterbücher

> UNSERE INSIDERIN

Ein Interview mit MARCO POLO Korrespondentin Alrun Steinrueck

Alrun Steinrueck lebt seit 1997 in New York und liebt die Stadt, weil man sich in ihr so lebendig fühlt.

Wieso leben Sie in New York?

Ich traf bei einem Urlaub in New York einen Freund, der mich zu einer Dia-schau in eine Fotoagentur einlud. An diesem Abend bat mich der Chef der Agentur zu einem Bewerbungsgespräch und nach zwei Tagen rief er mich im Hotel an, um mir den Job anzubieten. Da musste ich mich erst einmal hinset-zen. Überwältigt sagte ich zu!

Wie geht es Ihnen dort?

Ich kam, um ein Jahr zu bleiben und habe mich dann wider Erwarten in die Stadt verliebt. Ich fühle mich hier lebendiger, unternehmungslustiger, risikofreudiger und glücklicher als in Deutschland. Hier wird einem erst einmal eine Menge zugetraut, berufliche Risiken gehören zum Alltag. Das vitalisiert.

Und was mögen Sie nicht so?

Die grosse Freundlichkeit und die Hilfsbereitschaft sind angenehm, ha-ben aber auch negative Begleiter-scheinungen wie Oberflächlichkeit und Unehrlichkeit. Wenn die Menschen, die einem nahe sind, zu höflich werden, weiß man nicht, was echt und was

Fassade ist. Außerdem leben viele Amerikaner in Armut, ohne Krankenver-sicherung und haben keine gute Ausbil-dung. Diese sozialen Härten fallen auf in der Stadt und schmerzen.

Wo leben Sie?

Ich bin nach Brooklyn gezogen, wo es ruhiger und nachbarschaftlicher zugeht. Mein Büro liegt in Manhattan.

Was machen Sie beruflich?

Ich bin freie Journalistin und arbeite für den deutschen Markt – für Reisemagazi-ne, Tageszeitungen und Wochenzeit-schriften. Zwischendurch schreibe ich auch mal an einem Buch oder kuratiere ein Filmfestival. Hier bleibt man flexibel, denn die Stadt ist teuer und erfordert einen großen Einsatz.

Mögen Sie die New Yorker Küche?

Ich liebe sie! Es gibt hier einfach alles: jemenitischen Sauerteig, amerikanische Eggs-over-easy oder Boston-Sushi-Rol-len. Für alle Geschmacksrichtungen und jeden Geldbeutel ist etwas dabei.

Könnten Sie wieder in Deutschland leben?

Deutschland liegt mir nach wie vor am Herzen. Da ich hier keine unbegrenzte Aufenthalterlaubnis besitze, kann es sein, dass ich die USA irgendwann verlassen muss. Ich würde sicher zuerst nach Deutschland zurückgehen – aber dann vielleicht auch wieder ein anderes Land ins Auge fassen.